人たらしの教科書

小室和哉
Kazuya Komuro

はじめに

人たらし。

辞書によるとこの言葉は、巧みに人を誘惑したり、あるいは騙したりという意味を持ち、本来はあまり良い意味では使われないようだ。

しかし、どうだろう。世間を見てみると、大して仕事ができるわけでもないのに出世しているおじさん。あるいは見た目もパッとせず、お金持ちでもないのになぜかモテる男性。あなたにも思い浮かぶ人物が数多くいるのではないだろうか。そういった人種は例外なく、なんらかの人たらしである可能性が高い。個人の時代が謳われて久しいが、結局のところまだまだ大抵の仕事は、勿論恋愛も、人と人との関係性によるところが大きいのだ。ということは、人たらしは生きていくうえで、強く、得をする。

実は人たらし、というのは仕事にも大きく影響する概念である。仕事のタスクをスマートにこなしたり、ショートカットしたりするには、実は思考のやり方や、行動、習慣においてノウハウがある。

あなたの職場にもいるのではないだろうか。要領が良く、残業もしない、むしろ社内に来ているかどうかも怪しい。しかし成果を出していて評価もされている、そんな腹立たしい人物。おそらくその人物は、人たらしなのだ。

そして想像してみて欲しい。もしあなたが人たらしで、仕事を今より楽にこなせたら……人生もっともっと楽しいだろうな、と思うことだろう。


私はこれまで二度の転職でキャリアアップに成功し、仕事を楽しむことができ、年収も上がり続け、かといって仕事一辺倒ではなく、自分の時間をしっかりと確保して、恋愛にも不自由すること無く暮らしている。

これはなぜか。

考えてみると、人や仕事との付き合い方において、少し他人とは違った考え方や行動をしてきたと気付いたのだ。そして私は親しい友人に言わせると『人たらしの資質がある人間』らしい。どうも自分は、人たらしかつ上手に仕事をこなす稀有な能力を持っている人物みたいだ。

本書はこの人たらし、という言葉を敢えてポジティブに捉えている。そして、どうすれば人たらしになれるのか、そのコツやノウハウを共有しながら、

- 友人が増える
- 女性に好かれる
- 人付き合いが楽になる
- 仕事を回すのが簡単になる
- 給与が上がり生活の質が向上する
- 挑戦できるマインドセットが醸成される

このようなベネフィットを読者にもたらしたいと考えている。

さて本論に入っていく前に、ここから私自身の自己紹介をしておきたい。少々長くなるが、私の経験上誰かから何か情報をシェアされる際には、相手のことを知っているか知らないかで受ける印象や、浮かぶイメージが全く変わってくるので、どうか私の半生をサラッとでも知って頂きたい。読み進めるうちに、どうやって人たらしの技術を学び仕事に活かしてきたか、という背景もわかるだろう。

著者である小室の半生

▽肥満でいじめられた中学の思い出

私の小学生時代はごく平均的な学生であったが、それが中学生に入ると悲惨な状況になる。まず美意識の欠如や甘い物好きがたたり、肥満児になった。（毎日毎日、アイスか肉まんを必ず一個食べることが日課だった）加えて眼鏡をかけていたこともあり、容姿のせいでいじめにあった。思い返すと現代のような陰湿的ないじめでは無かったが、それでも下校時にいきなり同級生に蹴られたり、不良に絡まれカツアゲにあったり、そんな悲しい思い出がたくさんある。ひどいトラウマに悩まされるといった傷跡こそ幸運にも残らなかったが、学校に行くのは毎日辛かった。

他方私の母親は「勉強していれば見返せる！　勉強をちゃんとしていればいいの！」というタイプであったため、子供に自分で考えさせることをさせなかった。いじめにあいながら、ある種の洗脳によって勉強ができればこの状況は改善できる、と思い込んだ私は、自分で考えることを放棄して勉強に没頭。テストの点だけは良かったためにますます目を付けられていじめは加速した。太った勉強ができるだけの眼鏡をかけた陰湿な嫌な野郎、いじめた側はおそらくそんな印象を持っていたことだろう。

▽モテたい一心で脱皮した高校時代

しかし高校に入ると状況は改善する。年齢もあって、自我に目覚めたのだ。俄然異性への興味が高まった結果、自分の身なりに問題意識を持った私はダイエットに挑戦し、髪形や服にも気を付けるようになった。

実はその頃、母は変わらず「勉強しなさい！」の人だったが、それを父が心配しており「このままでは価値観が偏った人間になってしまう……」と危惧したらしい。アルバイトをするよう私に助言をくれ、これが人生の転機になった。

最初はお小遣い稼ぎのつもりで始めたが、アルバイト先には様々な年上の先輩がいて、遊びや異性交際など、知らない世界を優しく教えてくれたし、一緒に遊んでもくれた。この高校時代のアルバイトを通じた経験で大きく価値観が変わり、学校でも社交的なキャラクターに変わっていった。そのおかげでいじめられることも無くなり、友達が増え、中学時代からは想像もできないが、いわゆる不良ともつるむようになった。きっと小中の頃から私を知る人は、その変わりように驚いたことだろう。

不良コミュニティでは、友人の一人が別宅を持っていて、下校後はそこに誰とは無く集まって、タバコを吸ったり、酒を飲んだり、ギターを弾いたり、エロ本（時代が出ますね）を読んだりしては、日々グダグダと人生について語っていた。私はそのコミュニティ内では特殊で、遊びや素行不良もしたが、仲間の中で唯一勉強も続けていた。そのおかげでラッキーなことに地方の国立大学に入ることができたのだが、実はこの合格にはちょっとした曰くがある。

というのも、高校の担任からは「お前は素行が悪いし、学力からして受からない」と当初は願書すら書いてくれなかったうえに、センター試験（これも時代を感じますね）の前日に無免許運転で補導され、合格を諦めていたのだ。

ではなぜ試験に受かったのか？　実は国立大学に行けば、親から一人暮らしを許可されていた。つまり美味しいニンジンがぶら下がっていたのである。もうとにかく遊びたい一心、異性と好きなだけセックスがしたい一心で、試験に臨んだのだ。

性欲は強い動機になる。テスト当日は人生で最も集中力が発揮できた一日となり、頭が爆発的に興奮して、目まぐるしく脳内物質が出ているのが実感できたことを今でもハッキリと覚えている。

高校時代は自我が目覚め、自らの状況を変えるために色々と考え始めた結果、いじめられっ子を脱却！　逆に不良の世界をのぞきながら世界を広げることができた。そしてなによりモテるために勉強を続けたことで、不良の世界のみに染まらずに次の進路へと歩みを進められた。

人生において大きな岐路だったと感じる。

▽遊び尽くして、人たらしのエッセンスを学んだ大学生活

そして大学生活。

ここでは実家暮らしで抑制していた全ての欲が爆発、解放された。加えて大変愚かにも、私にとって大学は入ることがゴールであったため、講義を全く真面目に受講しなかった。今振り返ると大変もったいないが、当時は恥ずかしながら先を見通す力が無かったので仕方が無かった。私はますます遊びに傾倒し、自堕落生活にも拍車がかかった。異性に趣味にアルバイトに。

日本によくいる典型的なダメ大学生となってしまった。

例えば昼はとある会社で人事担当として面接官のアルバイトをやりつつ、夜はバーテンダーの仕事も兼務した。彼女は常に数人おり、友人からは「日替わり定食男」と揶揄された。色々な世界を覗くのも、価値観を広げるのも、他人のことを理解するのも、全て人を通じて得られる貴重な経験ばかり。私にとっては、とにかく新しい発見の連続であった。交友関係や異性関係を広げ、どんどん自分のことがわかるようになったことが、遊び尽くした大学時代の恩恵であった。

結局大学を出るまでの私は、おそらくどこにでもいる、遊びたいだけの日本の典型的なダメ学生だった。しかしその中でも、今後の人生に大きく寄与したな、と思う要素が二つある。

一つはモチベーションこそ不純だったが、受験勉強は国立大学に入れる程度までやりきったので、知識や考える力、イメージする想像力など、生きていく上で欠かせない基礎能力がある程度育ったこと。

次に、こちらが本当に大きいが、好奇心の任せるまま自分なりに遊び尽くしたので、価値観がどんどん広がっていき、男女問わずたくさんの人との縁を持つことができたのだ。

他人との交流を通じて人たらしのノウハウを存分に学べたことは、素晴らしい体験だった。

そして基礎能力が育ち、人たらしの要素を磨いてきたことが良かったのか、当時就職氷河期であったが、面接で一切勉学については触れられることもなく「君面白そうだな」という評価のみで運よく一部上場業界最大手の有名メーカーに入社することができた。

▽人たらしを活かして仕事を回し始め…… キャリアが開花！

いわゆる大企業に就職できたこと。これも、人生におけるラッキーな転機の一つだ。新卒で入ったその会社では、まず東京に配属され営業としてキャリアをスタートさせた。成績が良かったため、数年後に本社に引き抜かれ、製造業の花形である企画部門に入る。製造業の企画部門は一番過酷な部署であり、当時午前様は当然、朝一から出社、休日出勤もしなければいけないブラックそのものの労働環境だった。同僚の中には病気になって会社に来なくなる者もいたが、私は幸いにもなんとか生き延びることができた。

そういった実績が認められ、入社から十年もかからず海外部門へと栄転する。海外部門では最終的に現地法人の社長を務め、数か国の駐在を経験した。社長として赴任した期間は、キャリアとしても人生経験としても大変意義があったが、その後日本に戻り本社で出世街道を……

というタイミングで私は大企業に一旦見切りをつけた。

いわゆる大企業病に嫌気がさしたのだ。

会議、打合せの連続で遅々として進まない仕事。上層部は口では皆「尖った企画を出せ！」と言うものの、承認の過程で様々な人が口を挟むためにどんどん丸く凡庸に収まっていく企画……　ある種の治外法権で、海外で伸び伸びと仕事をしていた私には、そんな環境に戻っていくことが耐えられなかったのだ。そうしてたまたま知人の会社から声がかかったこともあり、大手一部上場企業という肩書を捨て、中小企業の事業部長として再び海外を舞台に仕事をするようになる。その会社では米国をベースに大きな成果を出したが、トップが従業員に対して誠実で無かったこともあって紆余曲折、再び転職を決意。現在勤める三社目の会社に就職して現在に至っている。

現職では、副業がOKなので勿論執筆業も許されている。なにより給料や待遇も上がり、海外事業のディレクターとして全ての予算に責任を持つ仕事にやりがいを感じている。各国の得意先と付き合いを広げ、部下を指導し、時に気ままに出張に出る暮らしはとてもエキサイティングで気に入っているし、大いに楽しんでもいる。

就職してからの学び、活かしてきたノウハウは本論で記述するが、数社に渡ってキャリアを広げてきたことによって、それぞれの会社の在り方について、幅広くそのギャップを知ることができた。とにかく人が多いため、意思決定までのレイヤーが複雑な大企業の実態。非上場であるがゆえ、オーナーの独断によって全てが進んでいく家族経営の会社。中小企業ながらも上場を果たし、会社の仕組みが整っているために意外と働きやすい中規模の会社。それぞれの会社が持つ強み弱みを、実際にインサイダーとして働くことで体感できた。そして仕事のノウハウを、複数の会社を渡り歩いたことで磨き上げることができた。

振り返ってみると、私は学生時代には人たらしとしての魅力を学び、就職してからは人たらしのノウハウを活かした仕事術を学んでいったということになる。

さぁ、人たらしの技術を活用していくとどうなるのか？

具体的なノウハウについて語り始める前に、序論の最後として、なぜ当面給料一千万円が必要になるのか、その背景を皆様と確認しておきたい。

なぜ、年収一千万円が必要なのか

▽600万円では、それなりの生活が待っている……

世の中は言わずもがな絶えず変化し続けている。例えば悪い変化。それは何といってもまずは天災由来の変化だろう。日本人の価値観を根底から揺るがすような、抗うことのできない大惨事が頻発している。若い人にも、ある程度ご年配の方にも心当たりは皆にあるだろう。古来より多くの事例があるが、記憶に新しいところで東日本大震災、最近だとなおも続く新型コロナウイルスの猛威など、私たちの経済や生活環境に大打撃を与える事件が続いている。

勿論良い変化もある。高速インターネットへのアクセスが世界中で可能になったことによって、手に入る情報量が格段に増えた。何を検索するにしても何を学ぶにしても、それこそ遊びから性欲を満たすコンテンツ入手に至るまで、ありとあらゆる分野において格段に便利さが増した。

生きていくうえで悪いことも良いことも種々絶え間なく起きているが、さてどうだろう。総合的に考えると、どうも世間では息苦しそうにしている人が増えたように感じる。ＧＤＰの減少、動きがどうにも鈍い政治、目に見える景気の悪化、倒産する大企業、解雇される労働者、減らない自殺者数、治安の悪化……

周りの友人や知人、同僚でもいいからイメージしてみて欲しい。

明るく快活に、明日に希望を持ってまっすぐ生きている人が何人思い浮かぶだろうか。また逆に厳しい現実に打ちのめされている人を浮かべることは果たして難しいだろうか。もしかしたら、後者なら簡単に思い浮かぶかもしれない。いや、率直に言うと後者を思い浮かべる方が、現代に生きる者にとっては簡単なのではないだろうか。そんな中、私は希望を持って日々楽しく暮らしている。

なぜか？

およそ40歳にして日本の会社員としてはそれなりの金額である給料一千万円以上の年収を本業で稼ぐことができており、身の丈に合った、かつそれなりに贅沢ができる生活を送れているからだ。都市部で資産を築き、仕事に追われることなく、むしろ働くことを楽しみ、美味しいものを食べ、友人を持ち、彼女にも恵まれ、国内外を旅して、自分の時間も一定確保する……

そんな暮らしを実現できているからだ。

一般論として、今の日本では例えば夫婦二人と子供二人の標準的な家庭ならば年収が６００万程度あれば、まぁ、それなりの生活らしい。

本当にそうだろうか。

私も当然年収６００万時代はあるが、振り返ると一人暮らしであったにも関わらず、その額ではギリギリ遊べたかなぁ、という程度の金額だ。その経験から考えると、夫婦と子供一人か二人ぐらいまでの世帯であれば、どうしても年収一千万円は最低でも欲しい、と私は考えている。

▽社長なんて、今や目指すものじゃない!?

実は何を隠そう本書でフォーカスしたのは、日本にいる一般的な会社員だ。先ほど一千万円の年収は最低欲しいと述べたが、現実はどうだろう。現代は民間企業で働く会社員の平均年収は、知っての通り４００万円程度だ。そして新型コロナの影響で、近未来はもっと悲惨な実態になるだろう。

そういう未来が待っているのが分かっている折、一体我々は何ができるだろうか。世の中には社長や投資家になることを推奨して『スターになって、突き抜けた成功を勝ち取ろう！』という本はたくさんある。あるいは『できる課長とは？　良い部長とは？』といったマネジメント論を、理想論のきれいごとで説いた本もたくさんある。しかし会社員という立場を上手に利用した、小さなコミュニティ内における着実な成功を収めるためのコツを教える本は少ない。

新型コロナが近未来に落ち着いたとしても、当分は景気の悪化が必至であり、大きなリスクを取り辛い世の中へとますます変化は進む。他方、そんな中でも生き残る会社は必ずあり、そういった会社に入りこめる、あるいは入った後にやっていける能力やスキルを持っていれば、そう悲観することなく人生を楽しむことができる。勿論世の中には『社長になる。そしてでっかく成功する！』というモチベーションが高い、仕事に強い情熱を注げるような人もいるだろう。だが、大半の人間はそうでもない、というのが実情ではないか。加えて言うと、私は何人も社長業をしている友人がいるが、彼らの大半は日々の資金繰りのことで頭がいっぱいだ。業務のほとんどは資金繰りだ、といっても大げさではないかもしれない。金勘定を常に気にして生きているのだ。しかも自分の生活における範疇を超え、会社全体の規模となるとそれなりの金額を扱う必要がある。かつ借り入れで商売を行っているわけだから、うまくいかなかった場合、責任も自分で全てとらないといけない。……ということはストレスや心配事を皆相応に抱えているのだ。
社長をやるのは実は法制上簡単だが、決して楽ではない。

その点、会社員は気楽だ。会社の金であるがゆえに金勘定を気にすることなくやりたいように仕事ができて、評価もわかりやすく、収入も保証される。(倒産やリストラの事例は置いておく)そんな自由気ままな生活を送れるのが実は、会社員なのだ。

その会社員の身分で、給料として一千万円ほど年収としてあれば、これからますます貧困化が進むこの国において、相応に豊かな人生が送れることは間違いない。

▽人たらしとして仕事を上手にこなし、会社員として成功する!

本書は日本における大多数となる『経営者にはなれない、なりたくないあなた』に向けて、成功を得るためのコツをシェアしたいと思い書き始めた。これから述べる実践的なコツやエッセンスを取り入れていけば、会社内で出世することで、あるいはジョブホップで転職することで、給料は間違いなく上昇する。

具体的には、一般的に一部上場のような大きな会社なら課長以上ぐらいから、それなりの中小企業なら部長以上ぐらいから目標とする一千万円の給料が見えてくる。会社内で給料をこれぐらいまで上げたければ、もしくは転職で自分を高値でセールスしたければ、本書のエッセンスを盗み実践すれば良い。人たらしの術を学び、自らのノウハウとして仕事に活かして欲しい。

最後にもう一度言おう。

会社員が人付き合いや仕事を上手くこなしていくためのノウハウは存在する。そのエッセンスを集約していくと、『人たらしになること』へと帰着する。私も相当数本を読んでいるが、実際に使えるレベルで、会社員にとって有用なノウハウ事例がたくさん書かれた本には出会えていない。だいたいは言わば理想論や、汚れの無い性善説で満ちた教科書的な内容に終始している。そこに気付き、実例を交えつつ使えるノウハウのみを凝縮して書かれたのが本書だ。

では、いよいよ具体的なエピソードを交えながら学びを深めよう。

私のこれまでの生き方や学びが、少しでも読者皆様の人生に寄与できますように。

目次

Chapter 1

古い価値観を捨てる、人たらしへの最初の一歩！

名刺は即、捨ててしまおう!

1

名刺捨てましょう

『名刺は後生大事に保管しておく必要はない。即、捨てる』

会社員なら誰もが持っている名刺。紙そのものやレイアウトなどデザインにこだわる会社も多く、記載情報に至るまで種々検討を行われた個性的な名刺が、日々至る所で数多くやりとりされている。

実はビジネスマナーにおける調査において「不要と思うビジネスマナーがあるか」の問いで最も多い回答は「名刺交換の所作」だ。（ビズヒッツ「不要なビジネスマナーに関する意識調査」2019年2月）誰もが煩わしいと感じている名刺交換だが、それでも日本特有な商習慣として、初対面で必ず名刺を仰々しく交換する文化は不変だ。

この名刺。管理がものすごく面倒くさいと私は働き始めてからずっと感じていた。そこで私は名刺管理アプリを市場に登場した当初から使い始めた。そしてこの習慣こそ大切なのだが、新しい人に会い名刺をもらったら、必ず当日にスキャンして、すぐに捨てる。即捨てる、これが大切だ。

名刺の本質は情報だ。中に書いてある名前やその読み方、相手の正式な会社名、他は役職や連絡先、大切なファクターはせいぜいこれぐらいだろう。そんなものスキャンデータに残しておいて、必要な時に検索して情報が引き出せれば、名刺そのものは本来どうでもいい。正に紙切れなのだ。

なので、残しておくべき情報をサッと保管したらすぐに捨てる。データの蓄積は携帯に任せて、自身は常に身軽でいよう。

実際、あなたもおびただしい量の名刺の束から、あるいは名刺を保管しておいたホルダーの中から、後で必要な名刺を探そうとして全然見つからなかった経験がないだろうか？　きちんと整理しておいたにも関わらず……だ。そもそもよく考えて欲しい。もらった名刺を一枚一枚会社ごとや、業界ごとに分けてホルダーに挟んでいくこと自体が相当煩わしく、時間コストも精神的負担もかかる。

私が新人時代、先輩が横で名刺ホルダーをめくりながら「あれ、どこに入れたかな、名前何だったっけなぁ、あの人……」と独り言を言いながら探しているのをよく見かけた。更には紙の管理だと外出先では確認のしようがない。得意先のビルの前で「あれ、役職を思い出せないぞ、名刺に書いてあったのに……」という経験をしたことがある人も多いだろう。アプリなら即、検索して解決だ。保管にも、後から検索するにも、二重に負担がかかるこの名刺という紙の管理をまだやっている人は、すぐに辞めた方が良い。

さて名刺管理ソフト。お勧めをよく聞かれるのだが、一度検索サイトで比較してみて欲しい。なぜなら私は相当昔にリリースされた管理ソフトをずっと使っており（CAMCARD）今はもっと新しく、良い機能なものが出ている可能性があり、私が使用しているものがベストとは言い切れないからだ。（例えばSANSAN、EIGHTなど）

いずれにせよアプリを使い始めることで、わずかの出費はかかるものの、相当の負荷やストレスがそれ以降軽減されることは間違いない。自分なりに合うアプリを探すことはそう難しいことではないだろう。

次に、名刺管理アプリにはそのスキャン方法に作法がある。コツは丁寧にやらないことだ。名刺管理アプリを昔同僚に教えた際、彼は早速一枚一枚とても丁寧に、パッとスキャンで読み取れない情報も打ち込んだり、正したりしてデータを取り込んでいた。計ってみると一枚を完了するのになんと十分強もかけていた。これでは逆に貴重な時間がもったいない。十枚アプリに入れるのに二時間もかかってしまう。実際に出張などで数十枚も名刺交換する機会がある多忙なビジネスマンなら、そんなに時間をかけていられない。

ではどのようにするか。それはまず写真を表裏アプリでパシャっと撮って、名前のところに相手の覚えておくべき名前を平仮名で（大抵は苗字、外国人ならミドルネームなど）、それと会社名（お店なら店名）、後はあれば特記事項（〇〇担当といった忘れがちな情報や、身体的特徴や、趣味嗜好など）この三つをササッと打ち込んでおけばよい。ものの数十秒でできる。そうすると見返したい時にキーワード検索すれば該当の名刺がパッと登場する。後は映してある写真を見て、他の情報をチェックすれば良い。

名刺そのものには価値が無いことを悟り、用が済んだ名刺は捨てる。情報をいかに保管、引き出すかに重きを置くことが肝要だ。

一つ注意点として、日本人は名刺に過度なプライドを持っている人が多い、ということを覚えておくと良い。年配のみならず若い人にも「名刺はその人の顔だ！」という旧世代の考えを持った人がまだまだいる。

以前相手が若いからと油断した失敗事例がある。商談が終わってからその場でパシャっとその人物の名刺を撮影、アプリに入れて、頂いた名刺を返却した。

「今撮りました。これでいつでも〇〇さんの名刺を見ることができます。紙がもったいないのでお返ししますね、紙を消費しないとエコですし」と丁寧に説明もした。その時は相手も「今時ですね、すごい！」と笑顔だったのだが、実は後で周りに「あいつは失礼だ。名刺を返してきやがった！」と猛烈な勢いで怒りをまき散らしたのだ。

その出来事があってから私は家やホテルに戻ってから名刺を撮影し、そっと人知れずゴミ箱に捨てるようにしている。

更に海外キャリアを目指す人のための余談をもう一つ。外人には、名刺に対するプライドは良い意味で無いものと思っておいた方が良い。ビジネスシーンで欧米人も名刺を出すことはあるが、彼らは日本人ほど名刺そのものに執着していない。ましてや商談が終わるまで名刺入れの上に乗せておくといった独特の行動をするのは日本人だけだ。

名刺を渡してもポイっと机に投げるように扱う人もいるが、彼らに他意は無いことも多いので深く気にしなくても大丈夫だ。彼らは「名刺はただの紙、で、君は何者だ？」と考えている。

私はそちらの考えの方が本質をついていると思う。

紙そのものや肩書に頼らず、自分自身を売り込めるように、自身の価値を高めていこう。

２

同僚なんてバカにしましょう

『短い人生、社内政治に使っている時間なんて無い』

私は最初のキャリアがいわゆる大企業だった。会社という小さな組織（それでも数千人ほどの従業員がいた）の中でも、種々のコミュニティがあって社内政治に一生懸命な者も多かった。それはいわゆる本社の中で出世争いを……というわかりやすいものもあったが、例えば地方の営業所という小さな組織でさえ影響力の強いボスや先輩がおり、その人のお気に入りになろうと躍起になるケースなど様々だった。

こういった活動は、群れの中で暮らしていく人間の持つ習性からくるものだろう。仕事の本質というのは、目標や計画を達成して成果を出すことであるが、自分一人では仕事は回らないもので、部署のスタッフや身近な同僚など組織内で力を借りて進めていくことになる。会社員である以上、他者とコミュニケーションを取って協力しながらうまくやっていくことは不可欠である。しかし私の見解では、ここに無用なモチベーションを持ち込む者が多すぎる。仕事で成果を出してその結果任される仕事が大きくなり、人を管理する仕事が増える、といった出世の王道の道を辿るのではなく、キーマンにいかに取り入るかを優先させ、狡猾に動くことで出世していく者は意外と多いものだ。

日本の会社の成り立ちは合議制の側面が強く、皆で共有して考え、決定して……という文化が醸成されている。いわゆる新興ではない大企業なら尚更だ。その中では責任の所在が不明確になり、単純に成果の有無ではなく、いかに社内で良い人間関係を築くかで評価が決まることが往々にしてある。

逆説的だがそういう仲良し文化を重んじてきたがために、日本はポテンシャルがありながら大きな経済成長が長らく止まっているのだ。（無論、戦後の経済成長期にはそれがフィットしていた。創造性を追求せずとも、皆で一緒に手を取ってがんばろう、で良かったのだ）時代は変わり、現代ではそのような価値観では成長が止まる局面を迎えているが、未だに日本はほとんどの会社は、あるべき本質の姿を直視できず、対応もできていない。ということは、実はこの状況はチャンスでもある。日本の会社の成り立ちの問題点に気付き、違うやり方や立ち位置に辿りつけた者は、確かなキャリアやポジションを築ける。

周りを見渡して欲しい。社内政治に明け暮れている人の顔というのはまず覇気がない。あるいは逆に変にギラギラしていて、不気味な表情をしている。誠実かつ確固たる意思、自負、実績……そういったものを持っていない者は、顔つきが不細工になる。今思い返してもその手の人間達は、ダサいよれよれのスーツを着て、たるんだ体、ふやけた顔をぶら下げたおじさんばかりだった。（逆に派手な格好を好むパターンもあるが……）彼らからは内面の欲望が外側に駄々洩れで、いかに人に取り入ろうか、権利をかすめとろうか、既得権を確保しようか、そんな声が聞こえてきそうだった。

あるいはもっと下世話に、仕事と全く関係無しに領収書で飯を食いたい、キャバクラで飲みたい……もっと質が悪いヤツは社内で異性に手を出して不倫をしたり（会社の外でやれ）、セクハラをしたり……と、どうしようもない。

実際のエピソードもある。人を情報で、あるいは直接動かすことで掌握できる部署である人事部がひどかった。権力を手にした人事部長は社内で秘書に手を出して不倫、問題が表面化して自殺した。（悲しいが実話だ、念のため）同じく人事部のとある課長は若手の女性社員にセクハラを迫り、地方の閑職に左遷された。

仕事の本質から目を背けて、社内での権力に固執すると、社内政治に明け暮れることになるし、結果としてそれである程度は成功したとしても、このような悲惨な結末になることもある。

あなたもそんな風に生きたいだろうか？

権力に伴う出世の問題や異性関係、他にも金や酒などは人を狂わせ易いのでよく気を付けないといけない。私はなにもそういったものを我慢しろ、無関心になれ、と言いたいわけではない。遊びというものは会社の外でやるもので、何かあれば自分でケツを拭く覚悟で楽しめば良いのだ。そして仕事は本質に沿って実直にやる。

勿論前述したように社内外問わず周りの協力は不可欠だ。しかしそこで勘違いをして、過度な政治活動に走ってはいけない。私は若手の頃から飲み会の付き合いも特に社内はほどほどにして、何なら会社にもあまりいなかった。最初の頃はそういう馴れ合いが気持ち悪いと感じていたからだが、途中からそういう政治活動が目的になっている人達からは意識して距離を取った。当然、時に風当たりはきつくなり、「あいつは付き合いが悪い」というような文句も言われるようにもなったが、結果として同年代でトップクラスのスピードで出世できた。

勿論出世できるか、仕事が楽しくなるか、は人ぞれぞれの結末があるだろうが、言いたいことは社内の馴れ合うための、あるいは誰かに取り入るための付き合いなど、軽視しても何ら問題ないのだ。そういう類の付き合いとは一定の距離を保ち、真っ当に仕事に取り組み、誠実に協力が必要な人や組織を見定めて、健全に関係を構築していけばよい。

実は今思うと恥ずかしいことをしていたのだが、私は特に若手時代はそういった社内政治に熱心な先輩や同僚をバカにしていた。

「何の意味がある？　有限な時間を使って何をしている？　本質が見えていないバカだ。仕事ができないくせに。むしろ仕事ができないから、そういうことをしているのだろう？」と。

周りを気にせずに、為すべきことをやればいい。ただ、若い頃は本能的にそういうものが気持ち悪いということはわかっていたが、実績も自信が無かった事も事実。それゆえに人を蔑むことで自分の行動を正当化せざるを得なかったのだ。今思うと自分の直感は何ら間違っていなかったし、やはり社内政治活動とは距離をおいて良かったと心から思う。これを読んでいるあなたはたとえ確証が無かったとしても、人を蔑むことなく、ただただ「社内政治は必要ない、巻き込まれないように距離をとろう」と愚直に信じて、是非まっすぐに邁進して欲しい。人を悪く思ったり、思った上で悪口のようなものを言ったりしたところで、何も生まないのだから。

社内政治を気にする同僚をバカにする者こそが出世する。

3 マゾ心を育てましょう

『辛いことって実は楽しめる。発想を変えれば辛くなくなってしまう』

私は若手の頃からとにかくよく酒を飲み、食道楽ゆえにたくさん食べた。結果、体重がみるみる増加して、細かった体形に変化が出てしまい、小学生時代の様に肥満になった。

そこでモテるために、それまで習慣がなかった運動をするようになったのだが、スポーツ音痴の私はおそらくフォームが悪かったのだろう、ジョギングを始めると三日でなぜか脛が痛くなり走れなくなってしまった。そこでハマったのが水泳だ。泳ぐために「泳げるようになる本」を読み込み、なるべく毎日通ってゆっくり、少しずつ泳げるようになっていった。泳ぎ方はクロールのみだが、最終的には調子が良いと一時間ぐらいは続けて泳げるようになった。それを週に数回行う習慣が根付くと、みるみる体重が減っていった。

ご存じの通り、水泳は苦しいし、体力的にもしんどい。しかも運動音痴の自分が、なぜ続けることができたのか？　勿論、痩せて異性にモテたい、という不純な動機が大きかったのも事実だが、ただ我慢して続けたのではなく、発想を変えたのだ。

実は苦しいことを気持ちよくする、楽しめるようにするコツが何事にもある。何かモノを利用したり、考え方を変えたりして、前向きに取り組めるように状況を変えてしまうと、辛いことへ取り組むのが楽になる。

水泳で言えば物を利用した。水中用ポータブルミュージックプレイヤーだ。防水になっているのでなんと泳ぎながら音楽を楽しむことができる。勿論防水と言っても完璧ではなく、イヤホンの部分に水が入ればこもった、モヤっとした音になる。ゆえに帽子をシリコンにして、ミュージックプレイヤーを中に入れ込んで装着した。これなら水が入ってこず、たとえクロールで泳いでも、快適に音楽を楽しみながら水泳を行うことができる。

本来水泳は特に決まったレーンを延々と泳ぐ場合、苦しくて孤独との闘いが続くのだが、音楽を聴きながら泳ぐとかなり快適で、あっという間に時間が過ぎる。音楽は気分がノリノリになるようなパーティーチューンが好ましい。私はこのプレイヤーを使いながら泳ぐようになって水泳が本当に楽しく、好きになった。

余談だが、海外のリゾートホテルやスターホテルのプールで優雅にゆったりとプカプカ浮かびながら、このプレイヤーで音楽を聴きつつ日光浴をするのは、人生で最高の時間の使い方の一つだ。是非機会があれば試してみて欲しい。

話が逸れたが、何かを成し遂げようと思うのなら、その成果のために苦しい、辛いことを耐えなければならない時がある。今回は痩せようという話だったが、仕事でもっと活躍したい、能力をもっと高めたい、そんな時にもマゾ的な苦しい環境を、発想を変えることで楽しんでしまえば良いのだ。

仕事において、誰しも大なり小なりプレッシャーがかかり、気が滅入るような業務に立ち向かわなければならない時があるだろう。私も何度もそのような場面があった。

例えば大企業の本社部門に異動になった頃、いきなり一か月後に全社の戦略を考え、年上の人がほとんどの中で、数百人に対してプレゼンをする機会があった。ただの営業担当だった人間が、急に会社全体の方針を大勢の前でプレゼンするのだ。当時相当のプレッシャーで逃げ出したくなったことを覚えている。その時、私がどうやってその困難を乗り切ったか。

今回はモノの利用ではなく、発想の転換を利用した。プレッシャーに対して人はついつい、あぁ嫌だ……とネガティブな気持ちに捕らわれがちだが、そうではなく、発想を変えながら時間を建設的に使うと良い。具体的には〝こうなったら、いいだろうな〟という楽しい未来像をイメージする。当時であれば、たくさんの人前でプレゼンが堂々とできるようになれば、仕事が楽しくなるのではないか？　今後も使えるスキルが身に付くのではないか？　もっと出世できるのではないか？　女性社員に注目されてモテるのではないか？　そんな風に、もしこの困難な状況を乗り越えたならば、未来はこんなにハッピーになる、という前向きな発想を持ってモチベーションを高めた。

何事も考え方、捉え方次第。やる気は自分で作れるということを是非覚えて欲しい。

私はこのプレゼンの際に、こんな風に発想を切り替えながら、まずは話す内容を全て紙に台本として起こして、実際に身振り手振りもつけながら、本番同様のテンションでしっかりと練習を何回もした。本番同様のテンションで行う、というのがポイントで、この練習は相当疲れたが何度もやると淀みなく、感情を込めて（なぞらえただけの、棒読みプレゼンは最低だ）話せるようになった。それぐらい練習をしておくと本番でも緊張はしたが、脳と体が内容を覚えているもので、最初にしてはスラスラと自信を持って話せた。しかも女性の顔やリアクションを確認する余裕すら持ちながら。

実際にこのプレゼンを通じて社内の評価は上がったし、数人の女性社員からアプローチをもらい、その後素敵な思い出もできた。嫌だという思いに捕らわれ、もんもんと本番まで過ごすのか。発想を変えて成長した自分をイメージして準備を進めるのか。後者なら結果は大きく変わる。辛い局面を楽しめる人間は、圧倒的な成長を手にすることができるのだ。

恋愛でもこんなことがあった。

芸能人と付き合っていた頃の話だ。彼女は女優業をしていたため、今から思えば理不尽なことがたくさんあり、一途に好きだった私は随分と辛い思いもした。例えば色々な経験をしたい彼女は、金持ちの男性に旅行に連れて行ってもらうことが間々あった。自分の彼女と男が宿泊付きの海外旅行をする。あなたはこの状況に耐えられるだろうか？　普通は気分が悪いものだし、行くな！　と言ってしまうものだろう。しかし私は発想の転換をこの時も試みた。〝芸能界とは理不尽なものだ。彼女と付き合うということは理不尽なことを受け入れる覚悟がないといけない。それに彼女は男女の関係は一切ない、しないと約束している。信じる訓練としても受け入れるしかない〟

彼女は結果的にこの件に関わらずとても一途な人間で、旅行に関してもどうやらシロだったが、旅行中などとても苦しい思いをした分、彼女と別れてからは大抵のことでは動揺しなくなった。理不尽なことも含めて、世の中色々あるよ、とある種の達観をすることができたのだ。

先入観や、パッと第一印象で感じた感情に捕らわれることなく、状況を受け入れて冷静に判断する姿勢が身に付いたことは、自身の大きな成長に繋がったと思う。

④ 腹ペコを楽しみましょう

『中途半端な幸福感で満足してはいけない。成功のために、飢餓感を持て』

人は誰しも幸福を追い求めている。そこに付け込んだビジネスが多種多様に存在し、ありとあらゆる欲望を刺激して、あなたの金、時間を搾取しようと待ち構えている。現代のこの手のビジネスはハードル低く簡単に欲望を満たしてくれ、コストも一見手頃なものが多いため、人々は貴重な人生のリソースを随分と消費させられている。私も欲望刺激型ビジネスには色々と搾取された身だ。

例えばソシャゲ。周りより強い自分でいたい（あるいは、カッコ良く、でもかわいく、でも何でも良い）という欲望をついた現代の功名なビジネスの一つだ。私は「マーケティングを語るには自分が良さを理解しないといけない！」とこの手のゲームを試しにプレイした時期がある。すると、その昔ファミコンで遊んでいたゲームが移植されたソシャゲにはまり、なんと3カ月で80万円を突っ込んだ。さすがに途中で「この金額はまずい！　危険だ！」と気付き（気付くのが遅い！）意思を持って無理やりゲームを削除したが、まんまとハマったわけだ。

中身を理解すると単純な話だ。オンラインで周りと競争や対戦をさせることで、もっともっと強くなりたい、と思わせる。強くなるにはガチャだ。ガチャを引いて貴重なカードなりを引いてとにかく、より強力なステータスを入手する。優位なステータスはなかなか当てられないから、金を突っ込みながらステータスを揃えていく。しかし、仮にそうやって強いステータスを揃え最強の状態を築いたとしても、また一定期間が立てば運営側はもっと強いステータスを伴ったカードを用意して、ゲームに惜しみなく投入してくる。そうやって人気が続く限りは、永遠とガチャを引かせて金をむしり取るのだ。

経済の状況が悪く、仕事で成功体験を勝ち取ることが簡単ではない昨今、自分に自信を持てない人が多くなっている。そんな中、「自分は周りより優れている！」と安易な方法で（課金によって）思わせてくれるソシャゲは流行る道理がある。全てが虚構であることに人はなかなか気付かない。実はソシャゲにハマっている人はゲーム自体が楽しいというよりも、どんどん課金する自分に酔い、それで良いステータスを入手することで目的達成欲を満たしている。本質は自分に自信を持つべく、見た目を良くしたり、仕事に打ち込んだり、人と対話したりすべきなのだが、こんな中途半端なゲームで手軽に満足してしまう。その結果、何も資産として残らない虚像にどんどん金と時間を費やす人が後を絶たないのだ。

人間は飢えることが実は大切だ。腹を常に空かせておく、とでも言おうか。モチベーションは人それぞれあって良いのだが、問題は中途半端に欲求を満たし、その状態に満足してはいけない、ということだ。先の例なら自己承認欲求が根底にある。本来はまずなによりも自分自身の価値を高めるべきだ。しかしそこへの歩みを進めるべきところで、つい、例えばソシャゲのような安易な誘惑に負けがちになる。だが、安易な誘惑に負けて王道から逸れ、ちっぽけな幸せを手に入れてしまうのはまずい。なぜなら、ハタと本来の目的である自己承認欲求は本当の意味で満たされていないことに気付き、味わったはずの幸せは刹那のもので、何も財産として残っていない事実に愕然とする時が間違いなく訪れるからだ。

考えてみれば当たり前だ。自分に自信を持つというモチベーションがどうしてスマホの中の携帯ゲームで、そしてそれに課金することで、満たされようか。自信を持つためには実際の社会の中で、自分で考えて、トライして、エラーを重ねて、小さくても良いから成功体験を積み重ねることが肝要なのだ。

しかし現代は困ったことに、ソシャゲ以外にも罠がたくさんある。

身近なところで、食だ。これだけストレスの多い社会だ。メンタルを正常に保っておくための手頃なストレス発散方法として、チャリンと気軽なお金で食べられるファストフードが巷を席巻している。この手の外食は、本来の主旨である食欲を満たすという目的以外にも、中途半端に欲望を刺激して満たしてくれるので要注意だ。

私も激務な時代に実はハンバーガーにとことんハマった。先にからくりから話すと、人は短時間で爆裂的なカロリーを摂取すると脳が〝気持ち良い〟と感じる。ハンバーガーはサッとものの数秒数分で食べることができ、しかもハイカロリーだ。特にストレスが溜まっている時にファストフードを食べるとすごく気持ちが良い（と脳が感じる）のだ。

この例はハンバーガーに限るものでは無く、当然牛丼でもラーメンでもファストフード全般が対象と言えよう。今思うと、別にお腹が空いていたわけではないし、別にそのハンバーガーをめちゃくちゃ食べたかったわけでもない。しかし毎夜毎夜仕事中に夕食を取り、遅い時間に帰路に就くとハンバーガー屋に寄ってはセット物を買って食べていた。ひどい時には飲みに行って酔っ払い、朝起きるとベッドの横にハンバーガーの包み紙が転がっていることが度々あった。もはや食の楽しみでも何でもなく、ストレス発散のためにハンバーガーを摂取していた。気持ち良さを手に入れることが目的だったのだ。本質はそんな中途半端なものに頼ることなく、仕事のスピードやクオリティを上げることで負荷を減らし、ストレスを軽減することが重要だ。

しかし、ついつい手軽な誘惑に人は負けてしまう。ハンバーガーを食べることでストレスが無くなった、減った、と錯覚してしまう。実際には刹那の快楽は手にしたものの、勿論根本的な解決にはなっていないし、あまつさえそんな手段を取っていては激太りしてモテなくなってしまうかもしれない。良いことなど何一つないのだ。

ハンバーガーは美味しいし、たまには誘惑のまま食べても良いが、その快楽にどっぷり浸かりきってはいけない。本質的な解決策ではなく、欲望刺激型ビジネスへとのめり込んでいくと、自分の未来が暗くなることを理解して、自覚しよう。

賢明なあなたなら、私の失敗体験も含め、人間とはこういう性質があると知り、なるべく中途半端な幸せで満足しないように努めることができるはずだ。

そこかしこにある誘惑とは一定の距離を取り、ある程度常に腹を空かせておく。そして本質的な解決に対して自分のリソースを割いて、大きな幸せに到達することを目指そう。

これが長い目で見た時に、人生の成功を手にするためのコツなのだ。

5

日経新聞とかそういうの無視しましょう

『テレビも新聞も今や過去のメディア。一切見なくて大丈夫』

テレビや新聞は誕生してからずっとメディアの王様であった。それがゆえに広く人々にリーチできる力だけは今でも強いため、本当はどちらも既にメディアの中心ではなくなっているのだが、そんな真実は決して放送されない。自分達の首を絞めるからだ。

従ってオワコンメディアとしての現実と、大衆が未だ抱いている幻想との間には大きなギャップがあり、歪みが発生している。現代のテレビコンテンツの偏重具合はひどい。日本国内にとどまらず、世界の大切なニュースやその見解を取材して広く放送することが本来の使命であるが、そんな内容は放送しない。例えばコロナウイルス。中国が発端となっているコロナウイルスについて「中国を起点とするものではないか」という大切な情報をシェアし、問題を提起する番組は渦中ほとんど無かった。実は生鮮市場発端ではなく、武漢のウイルス研究所から漏れたものだ、とするリークや研究レポートも世界では複数発表されているが、その詳細を報道するニュースは皆無。またコロナ以降、アメリカと中国の対立構造は鮮明に、また両者の溝は日々大きくなっていっているにも関わらず、「戦争のリスクが高まっている、最悪のケースは第三次世界大戦が開戦されるかもしれない」と問題提起をするテレビ番組を私は見たことが無い。

もし仮に戦争が起きれば日本も他人事ではなく、確実に巻き込まれるにも関わらず、それを危険視するようなアナウンスは一切無い。他にも先のＴｉｋＴｏｋ禁止問題。アメリカと中国の対立によって、元々はアメリカ側の制裁の意味合いが強い話だったが、そういった構造的な対立構造への言及はほとんどない。消費者の声ばかりを映し、「無くなると困ります」「表現の自由が奪われる」といった論調で放送された。世界のニュースではこのような間抜けな内容ばかりではなく、このＴｉｋＴｏｋがどうこう言う前に、随分と昔から中国はアメリカのアプリを禁止して独自の中国アプリを使うよう国民に強いているではないか、と問題提起をしているものが多かった。実際にＧｏｏｇｌｅもツイッターも、たくさんの世界的アプリは中国国内で使用が禁止され、利用することはできない。

アメリカ側が中国発アプリを禁止することに対して、その前提となる中国側の海外産アプリの締め出しという肝要なポイントは一切論じることなく、論点をずらして無知な消費者の気持ちに描写を当てて報道した。日本のテレビ番組はピントがずれていると言わざるを得ない。私は前述している事例の詳細や是非を述べたいわけではない。日本のメディアは放送しない、ということを問題視しているのだ。

そして実は、このような事例は枚挙にいとまがない。毎日飽きもせず繰り返し「誰それの不倫がどうだ」、「アイドルが問題を起こした」、と延々とやっているテレビを見ていれば、あなたもぼんやりと実感ができるはずだ。

大切なのは、テレビをぼうっと見ている人間は騙され続けるということ。そして物事の本質を見誤り、考える力が落ちて、下らない人生を過ごすリスクが高まる、ということだ。

なぜテレビがこのようになってしまったのかというと、テレビにかじりついている多くの層が今や知識レベルが相対的に低い層、すなわち、高齢者と低所得者層に偏りつつあることにある。そういった層には、とにかく込み入った社会の問題提起や世界情勢などは響かない。それが真実だとしても、ウケないのだ。そんな難しい内容よりも、「感染者が増えている！」「アプリが禁止される！」「芸能人が不倫した！」そのようなシンプルでわかりやすい恐怖を感じるメッセージや、ゴシップ心が刺激されるニュースの方が刺さるのだ。

そしてマス（低所得者層や高齢者）がますますテレビにかじりついてくれれば視聴率が上がり、テレビ局は潤う。端的に言うとそういう構造だ。肝要なのはテレビなんかに頼らず、ソースをたくさん持って、ニュースを浴びるように世界からたくさん仕入れて、自分の頭で整理することだ。比較材料を持って物事を考えていれば、偏重報道に騙されないし、世論は操作され作られていることに気付くだろう。

更に、テレビに加えて新聞も私は必要ないと考えている。しかし２０１９年の調査では、新聞を毎日読んでいる人の割合は４４．７％と未だおよそ半分ぐらいの人は熱心に新聞に目を通しているようだ。（新聞通信調査会「メディアに関する世論調査」２０１９年１１月）新聞そのものの意義はテレビに比べるとあると私は考えている。拝金主義に走っていないからだ。（が、こうも景気が悪く新聞離れが進んでいると新聞社の経営状況も明るくない。そのうち拝金主義に成り下がる未来も十分にあり得る）

しかし、情報は新聞以外からで十分とれるし、毎月数千円のコストを他に使った方が良いと思うので今の時代は全くオススメしない。あんなものは読むことが習慣化しているおじさんが半ば無理やり「読め、必須だ！」と勧めているだけで、中身が濃いというのは幻想だ。

あの程度の情報はいくらでもネット上に今や溢れている。新聞にしかない情報って何かあるだろうか？　強いて言えば「私の履歴書」は人物によって大変面白い。が、これも必要ならばバックナンバーで読むことができるため、毎日新聞を取らなくても何ら問題ない。私が若手の頃、先輩からは「とにかく日経を読め、必須だ」と言われていた。私の同期もまず間違いなく購読していた。しかし私は頑なに読まなかった。正直に言うと数か月取っていたのだが、遊びに一生懸命で読まずに捨てるハメになっていた。毎週積み上がる膨大な量の新聞を見て「せっかく購読しているのにもったいない……」と罪悪感を覚える日々。お金もかかることだし、すぐに辞めてしまった。そして時代は流れ、そのうち紙よりもＷＥＢ版で読む人も増えた。それでも私は購読しなかった。元々新聞を読む習慣が無い人間なのに、更に小さい文字で読めと言ったところで読むはずがない。そのころはネットリテラシーも付いてきており、必要なニュースや情報は日経新聞ではなくネットの媒体で入手していた。

何が言いたいか。

私は日経新聞を人生でまともに購読したことも無ければ、真面目に読み込んだこともない。だが、困ったことは一度も無い。

先輩はよく言っていた。

「日経を読んでいないと世の中の問題がわからない」

「経営層レベルと話ができない」

「世界のニュースが掴めない」

「独自の視点がもてない」

「考える訓練をしない人間になる」

「流行やトレンドがつかめない」

「スポーツの話題にもついていけない」

全部嘘だ。テレビにしろ、新聞にしろ、代替手段はあるし、必要ない。

情報がとれないだの、頭が良くならないだの、出世しないだの、モテないだの、そんなものは詭弁なので何ら心配しなくて良い。

Chapter 2

人たらしは「商品は自分自身である」ことを認識している！

笑顔は技術なのだ!

6 作り笑顔、できますか？

『結局人は見た目。日本人は笑顔を武器にすれば、大きく差別化できる』

芸能人やモデルなど人に見られる仕事のプロは、もれなく笑顔の訓練をしている。

例えばｎｏｎｎｏのモデル、その後女優として活躍している新木優子さんは当初トレードマークである笑顔に苦手意識を持っていたという。しかし必要性を理解して自宅の鏡の前で黙々と練習を重ね、その結果今や「新木と言えば笑顔」と言われるまでになり、現在の活躍に繋がっているそうだ。

笑顔が大事なのは芸能人だからでしょ？　ほとんどの人がそう思っているからこそ、そこに差別化のチャンスがある。

大学時代に家庭が裕福な友人と遊んだ折、実家へお邪魔した。友人宅は工務店経営が生業で、友人の母親が社長だった。友人がお使いを頼まれたため、束の間その女性社長と私の二人きりになり、しばらく談笑した際に、その社長は私に向かってこう言った。

「あなたね、感情をもっと出して笑いなさい。いい男が台無しよ。笑顔を身に付ければそれだけでモテるの。この工務店にね、日々たくさんの売り込みが来るわ。私が何を基準に話を聞いたり、発注をしたりすると思う？　顔よ。いい男だと話を聞こうか、買ってやろうか、ってなるの。別に絶世の美男子でなくてもね、笑顔がある男って素敵な顔をしているのよ。笑顔があれば、あなたは成功するわ」

当時私はバンド活動をしており、どちらかと言えば「笑ったら負け」みたいな勘違いをした価値観を持ち、仏頂面を決め込んでいた時期だった思う。ゆえに社長にそう言われた時、何か大きく自分の価値観を変えられた気分になった。友人の母親は明らかに成功者の匂いを漂わせた美人で、説得力や迫力を感じたこともあった。とにかく、その対話を機に、人とのコミュニケーションのやり方を変え始めたのだ。

改めて言うまでもなく、笑顔が人を惹きつけることは定説だ。屈託のない赤ちゃんの笑顔を見れば、誰もがほんわりと幸せな気持ちになれることをイメージしてみて欲しい。

しかし、実際の社会はどうだ？　あなたの会社にいる同僚はどうだ？　日本社会は若い人から年配まで仏頂面で暗い表情をした人ばかりだ。まだ学生の頃なら仏頂面がクールに見えるだろうが、年を取ると仏頂面では人を惹きつけることはまず、できない。我々はここに気付いて自らの生活態度を変えるべきなのだ。

しかも、実は笑顔は作れる。何も自然な笑顔でなくても良い。練習して、習慣化して、作り笑顔を身に付ければ良いのだ。

コツはまず口角を上げること。何も難しくない。筋トレと一緒で何度も無理をしない程度にやり続ければできるようになる。最初は鏡を見ながら、次に携帯のインカメラで自撮りをしながら、そのうち対人で実際に笑顔を作ってみればよい。最初はぎこちなかったり、恥ずかしかったりするが、そのうちそれが自分の自然な表情になっていく。

ところで私は春の季節が好きだ。この時期は会社に、ストリートに、新入社員が溢れる。彼・彼女らの表情は独特で、見ていて気持ちがすがすがしくなる。こちらまで刺激をもらい、キラキラと「新入社員っていいな！」と気持ちが華やいだことがある人も多いだろう。

ここで一つ考えて欲しいのだが、なぜ新入社員はキラキラしているのだろうか？　それは緊張や期待、無知を自覚しているがゆえの羞恥心、元気しか武器がない開き直り、目いっぱいのやる気や意思……　これらが入り混じって結果、表情が希望に溢れているからだ。目がイキイキしているから、新入社員は輝いて見える。しかし悲しいことに、しばらく働くうちに先に挙げた輝きは日毎に薄くなっていく。

現実の社会で苦悩し、仕事に疲れ始め、日常の全てに慣れていった結果だ。それは仕方のないことなのだが、もしもあのキラキラした状況を保つことができれば、他の人から抜きんでた一つの強さを手にすることができる。

では、どうやって保つのか？

それが笑顔なのだ。無邪気な自然な表情が消えていく代わりに、作り笑顔を身に付ける。これが大きな武器となるのだ。加えて、笑顔は作れるということに気付いて表情を作ってきた人物は、仏頂面の人間より自然と他者とのコミュニケーションが増える。お勉強も大切だが、人は他者とのコミュニケーションを通じて自分がわかり、人として成長していく要素が大きい。人を通じて成長してきた人間は、その生き様が笑顔と共に雰囲気やオーラににじみ出て、それが魅力になり、更に対話が増えるという好循環が生まれる。

例えばカッコ良い大人を誰でもいい、想像してみて欲しい。人は見た目で判断できない？本当にそうだろうか。あなたが想像した人物は顔の造詣が突出して美しいという意味ではなく、一人の人間として、表情から雰囲気からきっと魅力があり、カッコ良いはずだ。著名な作家が「人は見た目による」と書いていたが、私も全く同感だ。これまで重ねてきた笑顔や、それがもたらした成長、生き様は、その人の見た目に良い結果として必ず現れている。

私は海外、アジアも欧米も仕事で出ているが、相対的に見てアジア人、特に日本人は仏頂面が得意だ。逆に自己アピールの国アメリカでは、やはり笑顔が皆、抜群に上手い。特にホワイトワーカーは決まって、いわゆるナイスガイなキャラクターだ。まるで「ナイスガイ以外は良いビジネスなどできるはずがない」とでも言わんばかりに、皆挨拶に始まり、握手も感じが良く、そして自然だがとても惹きつけられる素敵な笑顔をたたえている。

他方日本人はと言えば、不自然でひきつった中途半端な笑顔を作り出すのが精いっぱい。慣れない英語で挨拶もそそくさと定番フレーズのみで済ませて、サッと名刺を取り出し、突き出すようにして交換を促す。相手のアメリカ人は「どうした？　何を焦っている？　挨拶を楽しもう」といった態度で雑談をしようと試みるが、日本人は会話を膨らますことはできずに、お互いにぎこちない空気のまま本題へ……これでは商談などスムーズに運ぶわけがない。

実際に笑顔が無いために、相手のテンションが落ちて破談になった事例を知っている。裏でそのアメリカ人は「彼は私とやっていく気があるのか？　何を考えているのか全然わからなかった」と話していたが、要するに「信用に足る人物」という評価を得ることができなかったのだ。

これが最初から笑顔で応えていれば状況は変わったかもしれない。例えば何かを売る場合なら、その売ろうとする商品やサービスが優れていることも大切だが、「仕事をやる相手として果たしてこの人物は信用しても良いのか？」そういう視点で自分を相手に売り込んでいくこともビジネスの場では重要になる。

彼らアメリカ人は笑顔が武器であることをよく自覚し、スタンダードな基本能力として作り笑顔を披露しているのだ。そんな基本的なコミュニケーションすらできていない、英語が流暢ではない日本人と誰が好んで仲良くなるだろうか。

この辺りは性善説や、名刺や会社の看板といった面子を特に重んじる日本人とは、価値観の根底が違うということを認識しておいた方が良い。こう考えると、日本で抜きんでるためには当然として、世界を舞台に仕事をしていくためにも、笑顔を作れるようになることは今や必須のスキルとさえ言えよう。

さぁ、笑顔を今日から振りまいていこう。

大丈夫、そのうちすぐに慣れて、その笑顔が自然な表情になるから。

7

見栄を張るコツ、知っていますか？

『自分を最高に演出するコツは、小物にこだわること！』

人は見た目がとても大切だ。きちんとした身なりはあなたを輝かせ、内からくる自信を相手に感じさせる。商売の相手もみすぼらしい人間よりも、見た目が整い、何だか頼れそうな雰囲気のある人間を選ぶものだ。見た目から入ることは見栄そのものだが、逆説的だが見栄を張っていると中身も応じて成長していくものだ。

一流の人はボロを着ているという類のエピソードもあるが、一流の人は一流を知ってからその後に敢えてそういうチョイスをしていることが実はほとんどだ。これから成長して、成功を掴もうとする段階の人間には、まず見栄を張るというステップを経ることが肝要だ。そういう背景もあり、特に高級品を売る業界の人（車や不動産がイメージしやすいだろう）は見た目に気遣い、スーツ一つにしても仕立ての利いたシュッとサマになるものを着こなしている人が多い。だがそうやって見栄を張るための高価なスーツや車、時計を揃えるならば、やはり相応にコストがかかる。しかし実はちょっとした小物に気を付けるだけでも、他のビジネスマンと差をつけることができ、差別化を行い、見栄を張ることは十分にできるのだ。

今回は少額でも最大限に効果を発揮できる、見栄の張り方のコツをお伝えする。具体的に手っ取り早く少額で見栄を張れる小物は、ずばりペン、靴、傘、ハンカチだ。

ペンはビジネスの場において使う頻度が高いものながら、実はほとんどの人が百円そこらの物を使っていることに改めて意識を向けてみると気付くだろう。商談でメモを取る際、書類のサインをする際、サッと質の良いペンでサインをすると、それを見ている相手はそれだけで一目置くものだ。ビジネスシーンでこれだけわかりやすく、さりげなく注目を浴びることができ、見栄を張れるものはない。できれば仕事で使う頻度の高いボールペンとシャープペンシル、この両方を揃えておきたい。勿論自分が好きなブランド、デザインの物でいいが、特にノーアイデアならモンブランを選ぶと良い。品質が安定しており、高品質のブランドで、なにより使っていると相手の人がブランドに気付くことが多いからだ。

気付いてもらえる、これこそが見栄を張ることの大きな成果の一つである。モンブランはマイスターシュテュックの定番ラインナップを選んでおくと間違いはない。また、ペンは仕事のみならず、プライベートの場でも有用だ。例えば食事の会計の際に、店の人が渡してくるペンではなく、自分の内ポケットからサッとマイペンを出してサインすると、カッコ良い大人の男性を演出することができる。いつも同じペンと筆跡でサインしておくのはセキュリティの面でも安心の担保となる。この動作は慣れていると女性受けも抜群であるから、是非身に付けて欲しい。

他方、万年筆はあまりお勧めしない。実は昔私も高価なモンブランの万年筆を頂いたことがある。初めて使うこともあり、嬉しくて数日は使ってみたものの、インクのメンテナンスがどうにも面倒で、また書き心地も相当に難しく、すぐに使うのを辞めてしまった。結構高価なものだったが、使いこなせずもったいないことをした。また海外経験でも、実際に万年筆を使用している人を見たことはない。従い、ボールペンとシャープペンシルの二つで十分である。

次に靴。これは多くの人が「ケアすべし」と言っているので意識している人もいるかもしれない。やはり足元はレベルの高い人ほどさりげなく、見ている。一方で街を歩く会社員の足元を見てみるとわかるだろうが、ほとんどの人は一見して安物の、薄汚れた、かかとのすり減ったものを履いている。ここも簡単に差別化を図るチャンスだ。靴はバラエティが豊かであるので好みで選んで欲しいが、だいたい三万円程度の物を選べば格好も良く、長く履ける。

実は靴における大切なポイントはメンテナンスだ。数足揃えた後は、ローテーションを組むようにして履いていく。続けて一足を毎日履いていると痛みやすいからだ。加えて、かかとの部分は履いていれば当然擦り減ってくるので、減ってきたら街の靴屋に言ってソールの張替えを行うと良い。千円かそこらでできるだろう。また靴磨きも行うようにしたい……が、これはやってみるとわかるが結構面倒くさい。靴磨きのポイントはきちんと時間をかけて靴磨きをするのは月に二回程度として（これも街中の靴屋さんで磨いてもらうのも手だ。この場合月一回で十分）、あとは毎日のメンテナンスとして艶だしスポンジを使って出かける前にサッと靴を一拭きすればよい。例えば大手のミスターミニットのクイックスポンジは数百円とお手頃だ。一分あれば毎朝のメンテナンスは完了、ツヤのある輝いた靴で歩くことができて、自分の気持ちも清々しいものになる。

そして傘だが、是非一度改めて雨の日の会社の傘立てを見て欲しい。ほとんどが安物のビニール傘が刺さっていることだろう。雨の日にビニール傘ではない良い傘を持っていると、同僚にも、女性にも一目置かれることは経験上間違いない。また良い傘を持っていると、交通機関やタクシー、あるいは食事をとっている飲食店で「忘れちゃいけない！」という気持ちが働き、泥酔するのをある程度自制できるので酒飲みの人にもお勧めだ。傘については、男性用で質が高く、格好が良いものは百貨店に行けば選びやすい。種類も多く、あてもなくブランドショップに入るよりは買い物を楽しむことができるだろう。

傘についての注意点は、特に飲食店において外に傘立てがある場合だ。良い傘は治安のよい日本でもよく盗まれる。従ってよく水を切ってできれば手元に置くか、少なくとも店内の傘立てに入れるべきだ。あるいは自分に主導権があれば傘を預かってくれるようなホスピタリティのあるお店をはじめから選んでおくとよい。時に「傘立ては外なので外に置いて下さい」と店から言われることもあるかもしれない。あらかじめ「今日は思い入れのある傘を持っていて、外だとやはり不安なので、水を落とさないので中で保管しても良いですか?」と声をかけておけば、大抵の店は了承してくれるだろう。(逆に言うと、それぐらいを聞き入れてくれない器量の小さい店なら、他の店に変えた方が食事を楽しめると思う)。

最後にこれはちょっとしたものだが、やはりハンカチは毎日携帯しておくと良い。特に汗をかく夏やトイレにおいて、手で汗や水を拭うのではなくハンカチで拭うと品が良く映り、あなたの評価がさりげなく上がるだろう。私のお勧めは、発色が美しく、品質もふわふわで気持ちの良いヒポポタマスというブランドだ。百貨店やネットでも買えるのでチェックしてみて欲しい。

8

髪型、変えたことありますか？

『髪型を変えることって実は成長手段の一つ。変化を楽しめ！』

ライバルが目を付けていない視点に気付いて自分を磨いていくことは、彼らを蹴散らしていくための有効な手段の一つだ。

さて、あなたは社会人になってから髪型を変えたことがあるだろうか？　勿論髪型は人それぞれの価値観がベースとなるし、業界によってトーン＆マナーも含めて許容範囲も異なるだろう。しかし、日本の男性ビジネスマン、一般的に見て髪型を変えなさすぎではないだろうか？実際に調査でもヘアスタイルにこだわっている男は全体の２１％しかいない、という結果が出ている。（インターワイヤード「ヘアスタイル調査」２０１７年2月）ほとんどが無頓着な人間なのだ。試しに周りを見回して欲しい。ほとんどの男性は出会った頃と同じ髪型をしていることに気付くだろう。

　ここにライバルと差をつける一つのポイントがある。私は実際にこれまでのキャリアや友人を通じてありとあらゆる業界のビジネスマンと接してきたが、髪型をイメージチェンジで折々変えている男性をほとんど見ていない。一般的に派手と言われる不動産や広告などの業界でも同様だ。（薄毛の人がいきなりフサフサになる事件には数度出くわしたことがあるが、それは例外として……）

　そこで私は一度なぜ髪型を変えないのか？　オシャレにそれなりには関心がありそうな人に焦点を絞って聞いて回ったことがある。答えはシンプルにおおよそ二つに絞られた。「変えるという発想が無かった」あるいは「髪型を気にかけるのが（セットするのが）面倒くさい」という主旨だ。もしかしたらあなたも同じように思っているかもしれない。

　実は髪型を変える習慣は、手軽な自己成長手段の一つだ。なぜなら髪型を変える行為は、他者へのアピールになるのは当然として、自己表現によって自分を肯定するということと、何か新しい変化を楽しめる価値観のある人間になること、二つの人たらしに近づく価値観の醸成が進むからだ。これに気付かず、気にもかけてもいなければ、面倒くさがっている男性があまりにも多い。これはもったいない話だ。

まず髪型を定期的に変えようと意識することは、自分や環境を俯瞰することから始まる。現状はどういう見た目になっていて、髪型の具合は自分なりにどうか。変えるとしたら自分にはどういう髪型が似合いそうか。そもそも世の中の髪型のトレンドはどうなっているのか。長さはショートがいいのか、伸ばしてみようか、思い切って坊主に挑戦するか。どこで切ろう、理髪店を辞めて美容院に挑戦してみようか……髪型について考え、情報を取っていけば、自然とオシャレに対する意識が向上していく。

更に実際に髪型を変えるというアウトプットに挑戦していくことで活力が生まれ、見た目も心も生き生きとし始め、そのエネルギーは必ず仕事にも活きてくる。勿論服や装飾品でもオシャレは楽しめるが、如何せんここの分野はカテゴリーやアイテムが多すぎる。学ぶにも時間や手間がかかるし、何といっても小物以外はいざ注力し始めると無限にお金がかかっていく。

その点髪型はどの観点から考えても、かなり手軽にチャレンジできる手段だ。前向きに髪型を変えようとする姿勢には、自身を見つめ直しながら「もっと、より良い自分になりたい」と自らを肯定化しようとする健全なモチベーションが伴う。この自分を認めていく作業が男として成長する原動力になるのだ。

もう一つ大事なポイントは、折々で髪型を変えていると、変化に対して自身がいつでも前向きな姿勢で取り組むことができるようになるということだ。

世の中、変化への対応が大切だと言われて久しい。しかし、ではどうすれば変化に対応できるような人間になれるのか？　識者から具体的で簡単、かつ実践可能な手段について私は聞いたことがない。しかし、この髪型を変えるという行動。これはまさに具体的でかつ簡単に実践が可能な、変化対応への訓練になるのだ。しかもリスクはかなり小さい。たとえ失敗してしまってもまたすぐに髪は生えてくる。髪を切りに行く予算はたかが知れている。新たな挑戦が、いつでも簡単に、何度でも可能なのだ。これに挑戦しない手はないだろう。そもそも世の中、自分に似合う髪型は何も世界で唯一ただ一つだけではない。

「坊主は絶対に似合わない！」と思っていたが、いざやってみると抜群にハマる、なんてよくある話だ。ネットで検索すれば、ビフォーアフターの写真など良い意味でイメチェンできた事例はいくらでも見つけることができるだろう。

これは今まで同じ髪型をずっと続けていた人には朗報だ。世界には自分でも気付いていない似合う髪型がきっとたくさんある。ということは魅力的な自分を演出する無限の可能性をあなたは手に入れたようなものだ。折々に気分で髪型を変えていくことを楽しめるようになればしめたもので、自分が変化そのものを楽しめる人間に成長できたことが自覚できるだろう。

たかが髪型だが、されどそれを変えるという小さな一歩が、大きな成長へと繋がっていく。なお、恐縮ながら薄毛の人も読者にはいると思う。その場合は坊主のバリエーションを楽しもう。海外を見ても潔く薄毛の人は坊主にしている。バーコードのような奇妙な髪型があるのは日本特有だ。

私は一度トライバルスタイルをアレンジした、斜めのソフトモヒカンを盛り込んだ坊主に挑戦したことがある。奇抜なスタイルだったので、会社では偉い人に会う前にモヒカンをワックスでペタンと撫でつけていた。が、目ざとく見つけた役員に「散髪失敗した？　大丈夫か？！」と心配され、ごまかしたものだ……　面白い髪型だったのでまたいつか挑戦したい。なお、この髪型、女性には大変好評だったのを経験談として記しておく。

また海外でのエピソードだが、アメリカで仕事していた際、とある大きなプロジェクトの責任者と初商談を行った時に、髪型が真っピンクの男性が登場したことがある。次に会った時には違う髪型だったので彼も今思えば髪型を変える人間だったのだろう。しかし、イメージしてみて欲しい。数億規模の大きなプロジェクトの責任者が真っピンクの髪型。これが海外ではスタンダードなスタイルなのだ……

私たちももっと自由に、人生を楽しもうではないか。

9

脇の匂い、嗅いでいますか？

『無頓着だとまずいのが身だしなみ。清潔を徹底しよう』

何を隠そう、私は軽微なワキガだ。

気付いたのは高校時代だったたか。それを誰かに指摘されたことはないし、女性にそれが理由で振られたこともない。もっと言うと「俺ちょっとワキガでさ」と彼女に告白したこともあるが、むしろ「気にならないし、良い匂いだよ」と言われたこともあるので、やはり軽微なものだろうと思っている。それでも、夏の日や運動をした後など自分で直接嗅ぐとムンとした匂いがするので、やっぱりコンプレックスではある。

まぁとにかく、自分の体臭で人が嫌な気分になるのは本当に恥ずかしいし、申し訳なくもあるので、私は昔から発汗対策用クリームを使っている。商品は「リフレアの高密着クリームタイプ」これが一番しっかり塗り込むことができて、水に落ちにくく、効果も長持ちするので昔から愛用している。脇の匂いは国によってはフェロモンとして捉えられ、必ずしも嫌がられるものでもないが、それは親しい恋人同士の話。ましてやここは匂いに敏感でうるさい日本だ。一度暑い時に脇の匂いをしっかりと嗅いでみて、臭くないかチェックして欲しい。そしてもし軽くでも匂いがしたらケアを始めるべきだ。

あなたも経験が無いだろうか？　真夏の電車に乗ったら誰かから発せられるあの独特の刺激臭……周りを観察すると、こいつだ！　と感じさせる冴えない風貌の男が立っている……程度の差はあれ、こういう事態にならないよう自分の身だしなみを管理する意識やスキルが現代では必須だ。要は人を不快にさせない身だしなみへの心遣いがあるかどうか、これが大切で、成功へ到達できるかどうかはそういう意識の有無も影響してくるということだ。実際に会社員キャリアの中で「中身はともかく、あの人が来たら（脇の匂いが）臭いから、もう商談したくないよね」と嫌われている人物が得意先にいたし、「体臭がきつくて男と別れた」という話を女性から聞いたこともある。

私のワキガではないが、ちゃんと気付いて適切なケアができていれば大事にはならないのに、男はその手のケアに疎く、無頓着になりがちだ。

実は大切な身だしなみ。これについて具体例を他にも挙げつつ、対処方法を紹介したい。

まず、あなたは指毛を気にしたことがあるだろうか？　意外とここの毛がボウボウに生えている男性は多い。女性というのは、実は男性の手、そして指をよく見ている。指が長い男性はそのイメージで「手が綺麗！」と言われがちだが、同時に綺麗な手と言われるために指毛についてもケアして無くすよう気を付けて欲しい。処理方法は毛の成長具合で個人差もあるが、だいたい一週間に一度ケアすればよい。毛抜き用のピンセットでつまんで抜いていくのも良いが（プチプチと抜く感覚が癖になる人もいるだろう）、サッとフェイスシェイバーや鼻毛カッターで刈ってしまうのも手だ。他のことにも共通するのだが、意外とこの手の身だしなみは慣れてしまえば全くケアすることが苦にならなくなるし、むしろしばらく放っておいて例えば指毛がボウボウになっていると自分の中で気持ち悪いという感情が芽生えてくるようになる。ケアしていなかった人からすると「うわ、面倒くさそう！」と思うかもしれないが、そのうち慣れて放っておけなくなるので是非全てケアするようにトライして欲しい。

またこの指毛をケアする時は、セットで定番の鼻毛ケアもしてしまおう。鼻毛が出ている間抜けな男性は、女性が覚めるのは勿論、同性が見ても「うわ、鏡見ていないのかな？　なんて無頓着な人だ……」とビジネス面における信用さえも失いかねない。自分の見た目も整えられない人間に、なぜシビアなビジネスを任せることができるだろうか。

ビジネスと見た目は無縁ではない。綺麗ごとを語らせると誰もが「人は見た目ではない」と言うが、実際はそんなことは無い。別のトピックでも述べたが、人は見た目によるのだ。例えばキャリアや学歴など条件が同じ見た目の良い人と、ブスの人。彼らを同じ数社の面接に向かわせた場合、見た目の良い人はたくさんの内定を得られたが、逆は少しだった、という実験もあった。鼻毛は整えておくべき身だしなみポイントとして最たるものだ。

また、フェイスシェイバーを使う時は鼻毛のついでに耳たぶの産毛も剃ると良い。耳たぶは大きな濃い毛が生えることはあまり無いが、耳たぶの産毛は皆意外と生えていて、近くで見るとボウボウになっていることもあるので意外と気付きにくい場所として要注意だ。

後は定番だが眉毛もケアしておきたい。眉毛は顔の印象を決めるからだ。とはいえ、眉毛は特に初心者だと自分でバランスや形の美しさを判断するのが難しい。なので、そういうわかりにくいケアについては素直に美容院やメンズ用の専門店を利用して一度プロに整えてもらうと良い。一度でセンスを掴めればベストだが、今一つ美的感覚が掴めない時は通えば良い。何回かやってもらっているうちに、自分なりのカッコ良いバランスが分かってくるだろう。

眉毛と言えば、ある会社に社長の言うことを聞かず、社の悪口ばかり言って生産性を落としていた上層部の人間がいた。彼は「年の割に自分は若い」と勘違いしていたが、性格の悪さが見事に顔に出ており、特に眉毛がつり上がって特徴的だった。彼は仕事がそれなりにできたが「素行が悪い」と悪評が立ってそのうち左遷されてしまった。印象的だったのが社長の後日談で「あいつは悪口を裏では言っていたので信用ができない。そもそも見た目からして問題を感じていた。眉毛を剃っているから、表情がつり上がっているだろ？　悪人顔だ」と評していた。時にキーマンからは、眉毛の印象一つから仕事の評価まで決定付けられることもあるのでしっかりケアすべきだ。

最後に香水について。香水は賛否両論あるが、仕事では付けない方が良い。特に会社員なら付けていて自己満足以外にメリットはない、と思っていた方が良い。むしろ、相手が嫌いな匂いだったり、単純に「臭いな、こいつ！」と思われたりとデメリットの方が大きい。特に同性の場合、「いい匂いだな、好印象！」と思ってもらえることはまず無いので、キャリアや商談を成功させたいなら、無臭にこだわろう。

かくいう私は、20代にかけて香水をつけて仕事をしていた。実際に何度か「香水しているの？」と会社で指摘されたことがある。今思えばあれは「臭いぞ」と言われていたが、当時浅はかだった私は気付けなかった。もう一度言うが職場で香水の匂いを特に男が「良い匂いだな

〜」なんて思うことは無いと思っていて間違いない。

また合わせて、過度な柔軟剤の匂い、これも気を付けて欲しい。

「自分は気付いていないけど、実は周りは臭いと思っている」

代表格の〝香害〟なので、使っている人はその使用量に十分気を付けて欲しい。

10 失恋、していますか？

『意思を持って女性を口説くべし。自主性のない人間に成功はない』

今回のテーマは、少し毛色を変えて恋愛だ。今の時代、男が女性をデートに誘う際「デート、する？笑」とメッセージを送るらしい。なんて卑怯なやり方だろう。まず直接誘っておらず、ふわりとメールで、最後に疑問符まで付いている。

昨今は誰もが多忙で、その中には私のような電話嫌いもいるし、なんせこれだけＬＩＮＥが普及している時代だ。メールで誘うことは問題ない。しかしポイントはその言い方にある。「デートしましょう」「しませんか？」ではなく相手に委ねる形の疑問形。更に聞いた後にもし断られても自分を傷付けないように〝笑〟で保険をかけている。「え、デートしないの？　てか、これ冗談だから、本気にしないでよ（笑）」といった感じか。そんな力強くも熱もない、男らしくない誘い方を女性がどう思うだろうか。

実際にこの誘い方に対して不満を言う女性がツイッターに書き込みをして、それに対して「ホントその通り！」というリプライが女性からたくさん付いていた。

ちょっと昔話をすると、学生で電話しかない時代、親に聞かれたらイヤだなぁと思いつつ意中の女の子の家に電話をかけ、向こうの親が出て慌てふためきながらもなんとか繋いでもらったことがある。相手が出て、世間話をしつつ、頃合いを見て、内心ドキドキしながら「ねぇ、映画見に行かない？」と誘う。こんな時代があったのだ。デートに誘うだけで決意が必要だし、勇気を持って電話をかけ、直接自分の言葉で昔の男は声をかけていたのだ。そういった経験が必要だ、とは言わない。が、ふんわりした、逃げ道を作りながらの卑怯な誘い方をする男が、魅力のある男になれるはずがない。実際に女性が「そんな誘い方をする男は魅力がない」と言っているのだ。私は世の男に意思と主体性を持ってほしいと考えている。

女性が求める男らしさとは何かよくイメージして欲しい。デートするかどうかを相手に委ねるのではなく、自分で決め、自ら力強く誘って、女性をモノにして欲しい。たとえ断られても、それだけ意思を持って誘えば、一度傷付くかもしれないが、それが成長のための糧になる。

逆に、「デートする？笑」のような半端な誘い方で断られると、自分で自分を「いや、別にそこまでではないし！笑」と誤魔化すようになり、結果として卑屈で魅力の薄い人間になる。

振り返ると、自分は本当に特に恋愛では傷付いてきた。

ちゃんとした恋愛のスタートは高校二年だったか。バイトを始めた先の女子大生を好きになり、即告白した。向こうも「じゃあ、付き合う？」程度のノリだったが、私はすぐに有頂天になり友達を誘って飲み会を開いた。友達に自慢したかったのだ。そして慣れない飲み会で酒をいい気になってたくさん飲み（高校生の飲酒は当然アウトです、私がバカでした。どうかマネしないで下さい）ガンガンに酔っぱらってしまった私は、居酒屋の席で盛大に吐いてしまい、こっぴどく振られた。店を出て友達の靴の中にも吐いてしまい、後日泣きながら靴を洗って友達に返した時に「いらないよ」と言われたのは情けなかった。

後日その振られた彼女に言われたのは「ごめん、子供とは付き合えないわ」相当傷付いたが、自分でしてしまったことだ。二度と飲みすぎないように、とか、もっと大人になるために勉強や努力しないと、とか、見た目を磨いてやる、とかとにかくたくさんの決意を胸に成長すべく、大いにもがいたのだ。

大失恋以外にも傷付いた事例はたくさんある。一時期、二十歳前後のあたりで度胸をつけるために私はナンパをしており、よくもまぁ、たくさん女性に振られて散々に心を痛めたものだ。

息を吐くようにナンパができる者、声をかけられる者も中にはいるが、基本の根っこが私は小心者だ。よし、声をかけるぞ、と決意を固めてなんとか行動に移すことが多かった。例えば渋谷に行って「声をかけるぞ！」と決めて向かい、歩く。一人でガードレールに腰かけているタイプそうな女性を見かけて通り過ぎる。サッと話しかけられればいいのだが、生憎こちらはド緊張している。よく顔の確認もできないまま、一周してまた戻る。一周しながら頭でたくさん考える。

「多分タイプな感じだ。何をしている？　友達を待っている風？　なんて声かける？」

ああでもないこうでもない、と逡巡していよいよまた目の前にその子が現れる。よし、話しかけるぞ、と思うのだがどうにも声が出ない。そのままスルーして三周目歩いて再びその子の前に……　そんなことをやっていた。それだけもじもじしてから、いざ！　声をかけても「(無視)」なんてことはザラにあった。考えに考えてやっと想いを伝えたのに無視かよ……とは思うものの、相手が望んでいないのに話しかけたのはこっちだ。辛い思いをしながらも、どうすればもっと魅力的な自分になれるか、声掛けができるか、というようになるべく前向きに考えていたように思う。

勿論数を重ねるうちに成功したこともあって彼女ができたこともあった。後から聞くと「自信あるように見えて、嫌な感じがしなかった」と言われた。失敗を重ねたからこそ、そんな風に威風堂々話しかけることができたのだ。

念のため、ナンパにも当然マナーや相手への気遣いが必要だ。無視されたり振られたりしたからと言って、怒りや恥ずかしさを決して相手にぶつけないように。相手を傷付けるような暴言を吐く輩や、相手の腕を引っ張るなど暴力をふるう不届き者も中にはいるが、そういった野蛮な人間には決してならないで下さい。

自分の意志を持って女性にアプローチしていると、失敗し傷付いても、未来の成功へとその過程が繋がっていく。むしろ自分の好みは変わっていくし、仮に一緒になっても別れることなんて男女は日常茶飯事だ。たくさん傷付くぐらいで自身の成長のためには丁度良い。人生を豊かにする意味でも、それこそ仕事を成功に導くためにも、男にとって女性の果たす役割は大きい。なぜなら女性を通じて男は大きく成長するからだ。

離婚する人が激増しているように、結婚制度は是非が問われる昨今だが、それでも誰もが恋愛を何度も繰り返す。多く恋愛をする者、一途に深い恋愛をする者、楽しみ方は人ぞれぞれだが、いずれにせよ恋愛を通じて成長することが人生の一つの醍醐味だ。そしてその醍醐味を存分に味わうためには、自分の意思で相手にアプローチして、どんな結果になっても自分で責任をとる気概が大切だ。
時代遅れの言葉かもしれないが、敢えて言う。
男らしくいこうぜ。

Chapter 3

人たらしの仕事術で、がっつり成果を出す！

仕事なんて楽しんでナンボ!

11 本社の顔色を一切窺わない男であれ！

『その仕事、本当に必要？　楽しむことを何よりも優先させよう』

私のキャリアの原点は営業だ。会社は商品のポートフォリオをたくさん持ち、当時はトータルの数字をクリアしていれば、中身はざっくりとした営業利益を問われるだけで細かくは管理されなかった。つまりとにかく売上を作る、というのが営業のゴールだった。

その中でも、大きい会社らしく全体方針や戦略があり、同僚は皆本社の言うことを素直に聞き、売ってこいと言われるものを真面目に営業していた。私はと言うと、あまり本社がどうしたいかを気にせずに、まずは得意先と仲良くなることを優先させて仕事をしていた。自分が楽しめば、数字は後から付いてくると楽観的に考えていたからだ。そうこうしている内に得意先が自分の意のままに動くようになり、数字が勝手に伸びていく状況を作っていくと面白い状況が生まれ始めた。本社が売ってこいという商品と、実際に自分で売っている商品とにギャップが出始めたのだ。

本社はとにかく新商品や広告など販管費をかけた商品を売ってこいと指令する。一方で私が、いや得意先が熱心に売ってくれた商品は、昔からあるド定番の商品だった。実はこの商品は、私の担当エリアでは価格面で強い競合もいた。しかし、私は売上を大きく伸ばしたことで、競合に追いつくぐらいの価格までの値引き条件を会社から引き出した。（というより独断でやって既成事実を作り、なし崩し的に認めさせた。会社は売上が伸びて、きちんと利益も取れていれば認めざるを得ないものだ）得意先は条件面が悪くないこともあり、競合の商品を辞めて私の推す商品をまるでオセロの様に次々に得意先に導入してくれた。

そうすると次第にその商品の市場のシェアはひっくり返り、遂には本社がこの現象に注目し始めたのだ。なぜ売れたのか、ニーズは何か、将来性はどうかなどヒアリングされ、私はまさか「知らない、得意先が俺のこと好きだから勝手に売ってくれた」とは言えず、もっともらしいマーケティング分析をしてレポートを出した。ド定番の商品というのは工場の投資や減価償却も終わっているから基本的に儲かる原価構造になっている。加えてやはりド定番だけあって、その企業の思いやＤＮＡが込められているものだ。

次第に商品政策の風向きは変わり、私が売った利益が取れるこの商品がピックアップされ、ついでに「小室は会社の魂が分かっている」と美しい誤解をして、私自身の本社中枢部門への異動が決まったのだ。

このエピソードには、背景に大切なポイントが隠れている。所詮本社が考えることは机上の空論、ということだ。当たる仮説や施策もあれば、的外れなこと、外れることだってよくあるのだ。それよりも現場で起きている現象や、数字が物語るファクトの方がはるかに会社の未来にとって重要となる。加えて私は狙ってこの結果を出していない。結果オーライだ。見えている課題には目もくれず、得意先と遊ぶ、つまり仕事を楽しむことを優先させた結果なのだ。

実はこういう事例はこれまでにたくさんある。本社へ異動後に大きな得意先と商談があり、やはりその担当者と仲良くなった。程なくして私は得意先の担当や、その同僚も交えて飲むようになった。その同僚は別セクションで違うビジネスをしており、当時当社の商品は扱いが無かったが、そのうち向こうから声をかけてきて、その媒体に取り扱いが決まった。私自身はイニシャルの数字が小さかったこともあり、会社に報告すらしなかったぐらいであるが、とあるきっかけがあり数字が跳ねた。すると会社がやはり注目するようになった。

「こいつはいきなり新機軸でビジネスを始めてきて、大きい数字をポンと作ってきた！」

またも、美しい誤解が生まれた。

私は得意先やその同僚と飲むことを楽しんだだけで、勝手にその人物が販売を決めて、たまたまきっかけがあって数字が跳ねたのだ。今回もラッキー、仕事を楽しむように工夫していたら、あらかじめ想定していた目標や課題とは全く違うビジネスの芽が出たのだ。

海外でも事例はある。出張でＮＹＣに行った際、とある得意先で商談をした後にそこのスタッフと雑談をした。その際に意気投合したものだから、当時出張のたびに誘い合って食事に出かけるようになった。私は仕事抜きで現地の人間にリアルな情報を聞けるものだからそれだけで楽しかったが、当然飲みながら話すうちに仕事のアイデアなどもディスカッションするようになり、そのうち得意先で自社商品を大々的に扱ってくれるようになり、数字が大きく伸長した。それればかりではなく、普通は入手できないような内部の情報をシェアしてくれたり、依頼したわけでもないのに勝手に競合の動きまでレポートしてくれたりするようになった。

大変有難い。私自身は商品を売り込んだわけではないし、お願いしたわけでもない。ただ仕事を楽しもうとしただけだ。そうすると、向こうが勝手に良かれと思ってやってくれるのだ。

我々はつい誰かの指示（あるいは方針や戦略など）に従うことが全てだと思いがちだ。しかし誰かの指示そのものが１００％正しいことなんてあり得ない。その指示について熟慮して正しい正解を見つけようとするのも一つ。他方で、指示なんか気にも留めず、ただ楽しむことで見えてくること、付いてくる結果があるのも、ビジネスにおける真理なのだ。

余談だが、そのNYCの友人は自分がアパートに住む際に、IKEAから家具を運び、設置するのを快く手伝ってくれた。日本では考えられないことだが、買ったベッドには部品が足りておらず、その場で組み立てるのは無理だね、という流れになった。が、さすがバイタリティが強いニューヨーカー。「ネバーギブアップ！」と宣言。夜の8時だったが車を飛ばし、「今から手配は無理だ！」と突っぱねるIKEAの定員を押し切って交渉の末に見事部品を入手。無事ベッドの完成に皆でこぎつけたのだ。胸が熱くなり、心ばかしのお金（バイト代のつもりだった）と共に食事を振舞おうとすると、「友達だからこれは当然の行為だ。一緒に飯を食えれば自分もハッピーだ！」とお金は受け取らず代わりに最高の笑顔を私にくれた。その友人は今でもSNSで繋がっており、時折近況報告もしている。きっとずっと友達でいると思う。

仕事をただただこなすなんてもったいない。自ら楽しんでいれば、一生の友達ができることだってある。

人生において多くの時間を費やす仕事。自分が楽しむことを優先させても損はないどころか、むしろ良い結果が付いてくることも多いのだ。

12 タスク管理しない男であれ！

『基本、すぐやる。これに勝る仕事の進め方はない』

ＧｏｏｇｌｅのＣＥＯを務めたエリック・シミット氏は「私が知っている中でもとびきり優秀で、しかもとびきり忙しい人こそ大抵メールの返信が早い」と語った。ソフトバンクの孫正義氏も、ヤフーの社長に抜擢した井上雅博氏の選任理由について「あいつが一番メールの返事が速かったから」と答えている。

すぐやる。

これだけで基本的に仕事は上手くいく。これは何もメールに限ったことではなく、仕事全般に言えることだ。もう少し言うと、すぐできるような仕事は即判断、即対処するのだ。どうしてもすぐに終わらない仕事（熟考が必要で中身が重たいもの、自分だけではどうしても完結できないもの）はひとまず置いておくが、いずれにせよ考え始めたり、とにかく資料を少しでも作り始めたり、と、すぐに着手する。この対処がシンプルに肝要だ。

すぐには終わらない仕事も、即着手することで思考が進む。どういうことかと言うと、他のことを考えている間にも、脳はパラレルで一旦置いてある仕事について無意識でも考えている。違う仕事を進めている間に考えがまとまったり、資料の構成がいつの間にか頭の中で整理できていたりするのだ。

結論から入ったが、すぐやる、たったこれだけのことをできる人が実は少ない。それはこのやり方を教えられることが少ないからだ。大抵のビジネス本を見ると、大層なメソッドが書いてある。（机の上で物事を考える人間が書きそうなことだ）週の頭にやることをイメージし、それを書き出し、優先順位をつける。時にはマトリックスを使い、〝緊急性は低いけど、重要度が高いもの〟これが重要だから、そこは時間を割く。それらを総合して予定表に組み込んで……。

そんな感じの解説は世の中にたくさんある。私からしたらそんなまどろっこしいことをしている者はバカだ。もじもじとそんなことを考えている時間が非常にもったいない。第一仕事というのは刻一刻と状況やるべきことや判断材料が変わっていく。週の頭に全てが見通せることの方が私の経験では少なかったと思う。またそんな予定通りに〝この仕事はだいたい一時間ぐらいかな〟などと見立てていた通りには進まない。精密に予定を立てること自体に、あまり意味がないのだ。試しにこの三日前を思い返して欲しい。あなたは何の仕事をしたか、それぞれに何時間使ったか、など詳細に思い出せるだろうか？　どんな仕事をしていたかですら、ハッキリと即答できない人が多いのではないだろうか？

我々がしている仕事とは本来そんなもので、事細かく一日の計画を立てても、その通り進まないし、そんな御大層な計画が必要な仕事なんて少ないものだ。

またすぐやる人は、能力がどんどん向上していく。まず、すぐやる人というのは他人から見たら仕事が早い人として認識される。それはそうだ、何か依頼したり、メールを投げたりすると他の人より明らかにリアクションが早いからだ。来た依頼やメールを片っ端からすぐに片付けていくと、スピードという強い武器を持っている人間だ、と周りに認識されるようになる。加えてそもそも早く処理するために頑張るので、処理能力や判断スキル、集中力がどんどん向上していく。仕事が早いものだから周りはますます信頼してくれるようになり、頼まれる仕事も増える。何か依頼しても当人は「了解です、まとめてメールで投げておいて下さい」と涼しい顔だ。なぜなら他と同様、すぐに処理していけばいいのだ。そうやって軽々とどんどん対処していけば、やがて依頼される仕事そのものの重要度や大きさが増し、自らのポストも上昇していく。

これが逆にタスク管理を徹底する人の場合はどうか。例えば何かを依頼された時に、そういう人は決まって次のようなリアクションをとる。

「えっと、今立て込んでいまして……そうですね、一週間もらえればスロットが空いているので、できると思います」タスク管理を緻密にやると、このスロットでこれをやる、というガチガチのスケジュールが出来上がる。しかもそのスケジュールに入っている仕事にかかる時間は割と適当に見積もられていたりして非効率そのものだが（そのスケジュールを立てるためにも時間を費やしているので二重に非効率だ）、それでもとにかくスケジュールが埋まっていくので、入ってくる仕事がどんどんと後回しになっていく。そうすると周りの評判はどうなるか。

「あいつ忙しいオーラがすごいよな。何か頼んでも一週間後とか、とにかくレスポンスが遅い。頼み辛いよな。そんな大した仕事していないのになあ」こんな風に、仕事における信頼感が無くなっていくのだ。

どちらの人間に得意先や同僚は仕事を依頼するだろうか？　大切な仕事を任せるようになるだろうか？　言わずとも明らかだろう。タスク管理などせずにすぐやる人間は、能力が向上し、周りの信頼も厚くなり、良い仕事が回ってくるという非常にポジティブな仕事のサイクルを築けるのだ。

対処するためにコツをシェアしておこう。

まず習慣化して欲しいのはメールの処理方法だ。朝の一時間だけメール処理にあてて……とか、あらかじめスケジュールに組み込んだ後は隙間時間を使ってメールを処理しよう……といった仕事術があるが、そんな面倒くさいルールを課すことはない。朝PCを開くとメールがたくさん来ている。それを何も考えずに古い物から片っ端に処理していくのだ。途中で会議や書類作成など他の仕事があればそれらが終わってからまた片付ける。メールなんて全て読む必要はない。下らない広告や告知、社内周知メール等は秒でゴミ箱行き。判断や処理が必要なものだけ集中して対処していく。とにかく全てを早く処理することだけに意識を注ぐのだ。そして処理が終わったメールは速やかに作成しておいた保存フォルダに移動させ、メールボックスに残しておかないことがコツだ。どうしても今対処できないものだけ残しておく。そうするとメールボックスには自然とせいぜい既読の3通程度のメールが残ることになる。そういう状態をキープするように努力すれば次第に自身のスキルが上がって、その状態が普通になる。同僚のメールボックスを見てみるといい。大抵未読と既読が入り交ざったメールの山が画面いっぱいに広がっているはずだ。こんな状態で本当の意味で優先順位を持った仕事などできるはずがない。

他にも仕事が発生したら、あるいは何か思いついたら自分のメールアドレスのタイトルに書いてメールを送ってしまう、というのも使えるテクニックだ。ノートに書いて後から読み直すのは時間の無駄だ。やることはすぐ自分のメールに送り、次にPCを開いた時にすぐやる。こうしておけば失念するというポカミスも無いし、結果として後からすぐやるのでどんどん仕事がはかどり、前に進むようになる。メールで送って抜け漏れを無くし、更に送られてきたメールをすぐに処理してしまおう。

仕事も語学や筋トレと同じ、訓練が必要だ。

やればやるほど早くなり、ライバルに差を付けることができるようになる。

13

環境にうるさい男であれ！

『環境作りを制す者は仕事を制す』

私は会議を開く際、その内容が前向きな内容であれば、できるだけ窓のある部屋を取るようにしている。本音はできる限りではなく、必ず窓のある部屋にしたいぐらいだ。勿論窓のある会議室が埋まっていたり、場所が相手由来だったり無理な時もあるが、それでも他に部屋は無いか相手と交渉する余地はないか、意地でもなんとか窓のある部屋を使えるように努める。

会議室に窓があるかないか。これだけで、実は会議の雰囲気は全く変わる。窓のない閉め切った部屋で会議をするより、窓があって外が見える部屋で実施した方がポジティブな結果が生まれるのだ。

例えば何かアイデアを話し合う会議をイメージして欲しい。極端な話、じっとりとした薄暗い、窓もない無味乾燥な部屋で何か新しい企画を練るとする。あなたにはそこで良いアイデアが生まれてくるイメージが湧くだろうか？　あるいはその部屋を出てエレベーターで高層階に上がり、バッと街を見下ろせるような広い窓がある会議室へ移動したとする。眼下にはビルが広がり、目の前には青い空が広がる。こちらではどうだろう？　きっと先ほどの部屋とは違って、闊達な対話が進み、アイデアが広がって前向きに会議が進みそうなイメージが湧くだろう。

ここで小難しい論文を披露することはしないが、実は調べれば「人間は閉じた環境にいると気分が落ち込んできてネガティブな思考に入っていく」という研究レポートは既に発表されている。別に高層階である必要はないが、とにかく部屋に窓があるか無いかで人間の創造性や心持ちは随分と変わるのだ。

この窓がある部屋を選ぶ、というコツは交渉事にも活かせる。

私はこれまで、はずせない商談やプレゼンに臨む際には、窓がある部屋を必ず用意してきた。第一に窓が無いと相手はまず圧迫感を感じる。交渉事ではそれとなく徐々に相手に詰め寄って結果をコミットさせることが大切だが、窓が無いとそれだけで詰め寄るこちらの意図が何らか相手に伝わってしまうものだ。逆に窓があると人間は意識するにしろ、無意識にしろ、チラチラ窓の外を見てしまう。それは程よい緩和にもなるし（勿論しょうもない商談やプレゼンをして、相手が集中力を欠いた結果窓を見続ける、といったような事態は避けること）なにより窓から見る風景というのはそこを歩く人、流れる雲、そよぐ葉っぱ、たくさんの情報が脳に良い意味での刺激を与えるのだ。この脳への程よい刺激がポジティブなマインドや、創造性を生み出してくれる。脳への適度な刺激を手軽に与えてくれるものが窓、なのだ。

余談だが、私は何かアイデアや曲をひらめく時は、なぜか決まってシャワー中が多い。実はこれも脳への刺激だと私は理解している。頭で何かを考えていると、そのトピックについて考えるのを辞めた際にも、脳は無意識に思考を止めず考え続けてくれる。シャワーで物理的に頭が刺激されると、脳でその考えやアイデアがパッとまとまるのだ。何か企画を考える時や、考えていて煮詰まった際など、そのままじっと延々と机にしがみつくのでは無く、是非気分転換がてらシャワーを試して欲しい。案外内容がまとまるものだ。ただシャワー中はモノを書いたり、録音したりすることができない。これが難点で、私は風呂のすぐ外にいつもｉｐｈｏｎｅを置いていて、ひらめいた際には即メモや録音をするようにしている。

話を戻すが、私は大切な交渉事がある際には窓以外の細部にもこだわって環境作りをしていた。ただ単に水やお茶を用意するのではなく、事前に相手の好みの飲み物を調べておく。リラックスできるようにちょっとつまめるチョコレートを出しておく。座る椅子までこだわったこともあるぐらいだ。(それは相手がプライドの高い人物だったので、わざと彼専用に有名ブランドのアーロンチェアを借りてきて用意した)

そうやって交渉や会議の内容は勿論として、成功に結実するように環境作りにもこだわるのだ。窓があるか無いかは部屋の装備の問題なので簡単に判別できるのでマストだが、可能であれば他の細かいところにまで気を配って欲しい。

また窓の話はオフィス環境でも応用できる。自分の、あるいはどこか伺った際に他社のオフィスを見渡して欲しい。せっかく窓があるにも関わらず、万年ブラインドが下りていて窓の外の景色が閉ざされているオフィスが案外多いものだ。私は数社での仕事を経験しているが、どの会社でも閉められがちであり、誰も気にしていないようだった。しかし、前述の通り窓を開けていると気分も良くなり、脳がポジティブに動き始める。是非ブラインドを全開して外の景観を楽しみ、仕事に活かして欲しい。毎日やっているとその周りのチームが明るいムードに変わっていったのを私は何度も目にしている。ブラインドを開ける作業はほんのひと手間なので率先してあなたから始めてみよう。

逆のトピックとしては、実は刺激を奪ってしまう、というのも特殊な状況ではノウハウとなる。例えば部下への説教や、得意先へネガティブな条件をのんでもらう時、あるいはリストラを推進しなければいけない時などだ。これまでの方法論を逆手にとってプレッシャーを与えてしまう、というやり方だが、これにはシンプルに窓が無い部屋で面談を持つのが実は手っ取り早い。

実際に私は言うことを聞かず、結果も出さす、会社の文句ばかりを言う人間を排除する時に窓のない小部屋を活用して、ネガティブな空気を作って話を進め、結果を出した。ネガティブな結果が求められる時には逆のやり方をすれば良い。あまり気分の良い話では無いが、会社員をしているとそういうケースへ対処しなければいけないことも時にはある。頭の片隅でいいので覚えておいて欲しい。それぐらい交渉事にはまず環境作りが大切だ。

私はこれまで会社員としてやってきて、これだけ窓があるかないかにこだわる人物に出会ったことは無い。ほとんどが無頓着な者ばかりだ。自分が仕事をする環境や、対話を行う施設にこだわりを発揮することは大切だ。何時間、何日も仕事をすれば環境一つで積み上がる成果も異なってくる。仕事を進めやすい、アイデアが湧きやすい環境作りにまずはこだわろうではないか。例えばデスクの小物にこだわるのもいいだろう。だが、何といってもシンプルに窓、そして景観。ここを意識するだけでも、仕事の結果、そしてあなたの将来が変わってくるだろう。

14

あがり症な男であれ！

『準備を徹底する。すると緊張をバネに成長を果たせる』

私は初対面の人から「絶対緊張しない人でしょう？」と言われることが多い。実はご指摘の通り、最近ではよっぽどのことでもない限り、何事にも緊張しなくなった。が、もともとは子供のころからずっとあがり症だった。幼稚園の頃、クラスでやる野球でバッターボックスに立つだけで緊張して、なんとかボールにバットを当てたものの、どちらの方向に走れば良いか緊張と混乱で咄嗟にわからなくなった。結果私は三塁側に走ったものだから、皆に大笑いされたことがある。他にも、塾に行って問題を答えろ、と先生に当てられた際に黒板の前まで行ったものの、わかっていたはずの答えが出てこない。間違えたらどうしよう、皆が見ている……と頭が真っ白になってしまった。事前には回答のイメージができていたはずなのに、その場で吹き飛んでしまい、えーっと……となっているうちに先生に頭をはたかれたことを今でも鮮明に覚えている。

大人になってからも緊張する場面はたくさんあった。大企業の本社にて、社長を始めとした役員たちの前でプレゼンをする機会を始めて経験した時。喉から心臓が飛び出そうなぐらい緊張してしまい、プレゼンはなんとか終わったものの、後から先輩に「早口過ぎて全然聞き取れなかったよ！」と怒鳴られた。恋愛だって、銀座のホステスさんと首尾よく休みの日にデートをこぎつけたが、慣れない銀座で緊張しながら歩いていたら頭の中の地図が吹き飛んでしまった。汗だくで走ってようやく待ち合わせ場所についたが、相手に苦笑いされ恥ずかしい思いをした。（当時はＧｏｏｇｌｅ　Ｍａｐなんて無かった）

それがなぜ私は全く緊張しない人間になったのか。それはどうして緊張するのか、その背景を知ってしまったからだ。

実は平然としていられるぐらい準備をしていない時に、我々は緊張してしまう。逆に言うと、きちんと準備をして自分なりに心の状態を整えておけば、物事に動じることのない緊張とは無縁の人間になれる。

会社員の仕事での大きなハードルの一つは、やはりプレゼンだろう。違うトピックでも触れているが、このプレゼンで緊張しなくなるための準備とはスバリ、原稿書きと実演練習だ。大抵の人は良いプレゼンにしようと資料そのものはしゃかりきに作成するものの、プレゼンそのものの準備、つまり実際に話してみる練習には取り組まない。あるいは練習をしたとしても、徹底的にやらない。勿論プレゼン資料そのものも大切だが、まずは資料作成と並行して原稿書きをしよう。何を話すか、そのプレゼン資料に沿って1ページ1ページ原稿を書くのだ。原稿は本当に話す通りに口語体で書く。内容も箇条書きにしたり、省略したりしない。

また、プレゼン資料に書いてあることをそのまま原稿にしないのもポイントだ。人は書いてあることを読んでいるだけのプレゼンには興味関心を示さない。よって良いプレゼンをしたければ、原稿は自然とプレゼン資料そのものとは違う、あるいは言い方や表現を変えたものになる。こうしてとにかく話す内容を一字一句漏らさずに全て書き出していくのだ。

原稿に書いていくと何を話すのかが明らかになるので、まず気持ちが楽になるだろう。次に何を話すのかを作り上げた後は、その原稿を片手に実際のプレゼンのように実演練習を行う。これも原稿に書いた通り、リアルにやることが必要だ。つまり、本番の様に声のテンションを上げて、立ちながら身振り手振りも付けてちゃんとプレゼンを練習する。しかも一回程度ではなく、何度もやる。最低でも通しで三回はやって欲しい。できれば五回はやると、どんなに長いプレゼンでも、中身をある程度は覚えられるぐらいにまでなる。きちんと気持ちを入れて行うプレゼンの練習は結構しんどい。疲れるのはよくわかるのだが、本番に緊張してしくじるよりマシだろう？　と、自分を無理やりにでも納得させて欲しい。こうして準備をしておくといざ本番では緊張せず最大限のパフォーマンスを発揮できる。

あなたは知っているだろうか。プレゼンが素晴らしかったことで有名なスティーブ・ジョブズが実は本番の前に何度もリハーサルを重ねていたことを。元アップルCEOのジョン・スカリーは「スティーブは単語の細部、舞台上での一歩、製品デモ、一つ一つを事前に考え抜いていた」と話している。うまく話している人こそ、実は陰で練習をしているものだ。

次に異性とのデートについて。さて、女性と緊張せずに楽しく過ごすための準備とは何だろう。これは事前の下調べと、慣れからくるゆとりがポイントになる。先の銀座の例では経験もないくせに、行き当たりばったりでことを進めていたが、まずはお店をよく調べてから決めなければならない。どんなお店を選べば良いかは本項の主旨とは違うので割愛するが、大切なのはまず移動手段を明確に、間違えないようにしておくことだ。これはそもそも迷う可能性を排除するという意味の他に、暑い夏ならせっかくのデート前に汗をかくのを防ぐという面でのメリットもある。（冬なら寒い中歩き回るのを防ぐことができるだろう）

そうすると選ぶパターンは実は二つで、まず一つ目は駅に近いことだ。最大でも徒歩一〇分以内の駅から近い店を選んでおけば迷うことはないだろう。駅に近い場合、仮にどちらかが電車に乗り遅れた場合でも店にすぐ着けるので、心象を必要以上に悪くするリスクが減る。私は銀座のデートで今思えばはずれにある徒歩二〇分ぐらいの店を指定していた。土地勘が無いなら尚更迷ってしまって当然だ。

もう一つは逆にタクシーで行きたくなるぐらいの、少し遠めの店を選ぶやり方だ。相手にはあらかじめ「少し遠いので代金払うから、タクシーでいらっしゃい」と伝えておく。たかが千円いかないほどの金額だ、気前よくそれぐらいは払おう。また、タクシーで店に向かうと特別感も感じられるので大切なデートには有効だ。

加えて当日は早めに店に着いて環境に慣れておくことをお勧めする。目安としてお店から見てもあまり不自然ではない二〇分前の到着が良いだろう。店の雰囲気やスタッフを見て、その場にしばらくいると場に慣れる。この慣れが心のゆとりを作り、相手と合流してもあたふたしなくなる。少し気が落ち着いたらメニューを眺める。何を頼もうかな、と相手のこともイメージしながら考える時間は楽しいものだ。お茶でももらって一息入れながらデートの展開をイメトレするのもいいだろう。このデートが始める前の束の間の一人時間を楽しめるようになると、ふるまいに余裕が感じられ、男性としての魅力も増す。

仕事にしろ、異性交遊にしろ、あがり症な人は（勿論そうでない人も）準備をしっかりして心を整えよう。結果としてその準備は、例えばプレゼンスキルの向上、あるいは大人の立ち振る舞いへと繋がり、あなたの成長へと寄与するだろう。

15

断る男であれ！

『できない約束は断る。約束したら守る。信頼関係を築く鉄則だ』

軽々しく適当に約束をして、そのくせ約束を破る人間は多い。身近なところだと、『デートの約束に遅れる』、『LINEの返事をする、と言って返さない』、『前もって決めておいた食事の約束をキャンセルする……』など、誰しも心当たりはあるのではないだろうか。

本人は何の気なしにやっているのだろうが、こういうことをする人は子供と言わざるを得ない。味方を作るどころか、浅い関係で人間関係が終始してしまう。質が悪いのは、この浅い関係に慣れてしまうと、人と深い関係を築けなくなってしまい、人間関係で学ぶべき大切な友情や、愛情や、価値観の交流や、感情のたかぶり、悲しみが欠如し、極論を言えば喜怒哀楽の乏しい人間になってしまう。

このような人間は、残念ながら会社員としての成功は年を重ねていけばいくほど、望むべくもない。逆に、会社員としての成功を勝ち取るためには、しっかりと社内外のキーマンと信頼関係を築くことが不可欠だ。

そして実は信頼関係を作るには簡単なコツがある。知って、実践すれば全く難しいことではない。そう、それが〝約束を守る〟ということなのだ。人は『自分に関心を持ってくれる人、大事にしてくれる人』を信頼する。これが真理だ。逆に本人にとってはちょっとしたことでも、約束を守ってもらえないと、相手はとてもマイナスの意味で印象深く覚えているもので「あぁ、自分は大切にされていないのだな」と感じる。

また、自分の性格（だらしないから、のんびりだから）のせいにして正当化する人も間々いるが、これも通用しない。世の中、必ずしも相手が、自分のペースや価値観に合わせられるような人ばかりではないからだ。信頼関係の構築を諦める、という生き方なら良いのだが、特に社会人はそんな風に割り切って生きていくのは困難だ。自分のことを尊重するように、相手のペースや価値観も尊重しなければならない。

実は約束を破る、ということは概して『時間を奪う』ということだ。約束に至るまでに費やした時間や、約束によって未来に費やすはずであった時間は有限で、当人にとっては当然価値の高いものとなる。特に現代はあらゆるコミュニケーションのスピードが速く、即レスする人は本当にすぐに反応を返す。みんな良くも悪くも時間に追われており、更に、できる人間は概してせっかちだ。そんな中、約束を破る人というのはものすごく、損をするのだ。時間を奪われた、と相手に認識されてしまうからである。

私はアメリカ出張中にNYCへ長く滞在する機会があり、気分転換のためにPS4を買った。日本に戻ってからもゲームを楽しんでいたのだが、ある時、オンラインゲームをするための課金期間が切れた。延長したかったのだが、アメリカで買った本体であるために、日本のクレジットカードや支払いサービスを受け付けないことが判明。解決策の一つはアメリカのPS用ギフトカードを買うことだが、日本では転売業者を使わないと買えない。そこで私は現地のとある経営者に「困っていまして。ゲーム用のカードを買って頂いて、コードを見せてくれませんか?」と厚かましくもお願いをしたのだ。今思うと超多忙な経営者にお願いすることなど大変非常識だったが、その方はできた方で「よくわからないけど、若い人に聞いて買ってみるよ!」と快諾してくれたのだ。しかし、実は失礼にも私は軽くお願いしたこともあって「忙しい人だし、まぁ忘れられるだろうな……」と予想していた。が、二日後に律義にその方はカードを買って、コードを画像で送ってきて下さったのだ。

まずは不躾なお願いを快諾頂いただけでも相当有難い話。それにも関わらず、きちんと約束を守って、しかも忙しい折に即対応下さったことに、私は特別な感謝の気持ちや信頼感を持った。何か逆にお願いされたら何でも協力しよう、と。

おそらく、そういう一門の人物は意識してか、無意識か、『約束を守ることは大切。しかも早ければ早いほどベター』と必ず認識している。実際に私は約束をきちんと、すぐに、守ってもらったことに対して尊敬を深めた。

逆に約束を守ってもらえなかったために、大きく信頼を失った事例もある。二社目の転職先で私は入社前に交渉して、「東京で暮らすことを約束してくれたら入社します」と約束を取り付けていた。（実際にオファーレターにも記載してもらった）その上で入社後に約束は反故にされた。地方暮らしを余儀なくされたのだ。どうしてもその会長のそばにいて欲しい、という背景からだ。指示したい時にそばにいろ、と。しかし私のライフスタイルからしても、また海外を舞台に仕事するという視点からしても、東京での生活こそが私にとって必要な条件だった。

そこで私はまずその会社でガッツリと誇れるぐらいの成果を出した。売上の大きな伸長、ビジネススキームの改善、お客様開拓、フォロー体制構築……　正直に言えば約束を守って欲しい、とすぐに交渉したかったが、きちんと会社に交渉できるだけの成果を出してから話をしよう、と考えたのだ。しかし、結果は「いや、やはり地方にいてくれ」と意向は変わらなかった。私はその会社の商品が好きだったし、仕事にもやりがいを感じて、チームビルディングもできており、日々充実していた。会社に不満もそれなりにはあったし、毎月地方から海外に出張するのは体力的にもしんどかったが、それでも仕事で貢献しよう、と必死だった。

しかし、この『約束した居住地について、反故にされ、結果を出したうえでも聞き入れてもらえなかった』事実によって、一切の信頼する感情を失ってしまい、すぐに準備をして程なく辞表を出してサッサと私は退社してしまった。

約束を守らないと、相手の心はサッと固く閉じてしまうのだ。

世の中ゆるく、約束に固執せずに生きている人が実はほとんどだ。それゆえ、しっかりと自覚して約束を守れる人は信頼関係を築くのが上手になる。自然と人のサポートの輪も相互に広がっていき、人生がもっと楽しくなり、成功体験も増えていくことは間違いない。

約束を守る、というのは当たり前のようで奥が深い。規模の大小によらず、もしもできない約束なら断ろう。逆に、約束をしたなら絶対に守ろう。

信頼関係はこうやって築くのだ。なにも難しいことではない。

Chapter 4

人たらしになるのは、実は簡単!?

バンバン千円ぐらい捨てちゃう!

16

千円を捨てられる男は成功する

『金は捨てるかのように使え、後にリターンとなるやり方で』

武士は食わねど高楊枝という言葉がある。その昔貧しい武士だとしても、あたかも食べたかのように楊枝を使って自分を良く見せる、というような意味だ。武士の体面や面子を重視する心意気のことを表している。要するにやせ我慢とでもいうべきか。この考え方に私は昔から共感して行動してきた。

実は、私は若くて金があまりない頃から千円程度の金額をよく捨ててきた。たとえその月の生活費がカツカツだったとしても、だ。千円ぐらいなんてことはないですよ、というような雰囲気さえ出しながら。

具体的にどういう風に捨ててきたか？　何度も行った事例だと、会社の同僚、特に自分の仕事をサポートしてくれるバックオフィスの女性たちによくお土産やお菓子を買って、事務所に持って帰っていた。別に出張でなくても良い。その辺に旅行に行ったので、などいくらでも口実はできる。とにかくなんだかんだと理由を作ってはお菓子を皆に「どうぞ！」と配っていたのだ。

　これの何がリターンとなるのか。まずお土産やお菓子を配る時にちょっとしたコミュニケーションが生まれる。コミュニケーションは質と量の積み重ねだ。しかも相手にお礼を言われる機会での対話となるので、短いながらも質が伴ったものになり、親密度が増す。更にお土産は広く配布できるので、たくさんの人とちょっとずつ仲良くなれるチャンスとなる。また人は何かをしてもらったらお返ししようとする習性がある。従って、こうやって折々で小さい恩を売ることを積み重ねておけば、何かと自分の仕事を手伝ってくれ、緊急時などにも気分よくフォローしてくれるのだ。

　私は若い頃から関わる人にこのお土産作戦を繰り返してきた。そうやって味方を増やした結果、随分と助けてもらったり、逆に何かミスやサボりをする時にも目を瞑ってもらったりすることに成功している。

　千円は端金ではない。ましてや収入が限られる昨今には尚更のことだ。なぜに自分が食べないのに、人の分のお菓子を買わなければいけないのか、と普通の人は思う。「もったいない、この千円を別のことに使いたい!」と。

しかしそこを思い切って捨ててしまうことに成功のコツがある。仕事をしていると、自分一人では立ち行かなくなり、誰かの助けが必要になる時が必ずくる。あるいは切羽詰まった状況でなくとも、自分が楽をして、その時間を他の有用なことに回したければ、誰かに助けてもらうのが一番だ。そういう時に、普段信頼関係を培っていない人からの協力を得ることは簡単ではない。とはいえ信頼関係を築くのにも相応の努力や時間をかける必要がある。

そこで千円を捨ててしまうのだ。千円を使って貢物を用意することで効率よく関係性を作り上げる。つまり一見千円を捨てたようであり、実は活きた金の使い方にするのだ。

実はこの千円を捨てる作戦は、自身の成長や出世のフェーズによって規模感を拡大したり、レバレッジをかけたりできる。結果的に自分のポジションが上がっていくと、味方にするべき人間が事務所の人間から得意先のキーマンや、どこかの社長など上の階層へと変化していく。(むしろその頃には事務所の人間はこれまでの積み重ねで既に強い味方になってくれているはずだ)基本的にお互い好意を持っていたり、何か仕事を介してなどポジティブな関係性が望まれる間柄であったりすれば、贈り物は手放しで喜ばれる。

彼らに贈る時のコツは理由を付けてあげることだ。例えば面談する際に「今日は暑かったので」「久しぶりにお会いするので」「好きだと伺ったので」など何でも良いので贈る理由を付けてしまえば良い。

更にもう一工夫できればエグゼクティブ層は喜んでくれる。ちょっと手に入りにくいものや、良いブランドなどがわかりやすいが、手っ取り早いのは自分がいる場所の近くにあって、相手側にはありふれていない（なかなか買えない）ブランドの美味しいお菓子を贈るのだ。相手が食べなくてもそのお菓子に語れるストーリーがあれば良い。後は相手がもし食べなければ奥さんに持って帰るなり、事務所で配るなりするだろう。事実、高級フルーツギフトショップ「水菓子肥後庵」代表の黒坂岳央氏は「一流の人間はギフトの達人」「ものすごく高価でなくとも良い、記憶に残るものを」「手土産は敢えて奥さん宛てに渡しても喜ばれる」とインタビューで語っている。相手を大切に想っていることが伝わる贈り物をしよう。

逆に少し金ができてきたら大げさに捨てる（使う）ことで、後に帰ってくることがある。

私はおかげさまで会社の内外問わず会社経営者や事業主、芸能人に至るまで一般的な会社員では持てないような人の繋がりを持っている。そういう社会の上位層と知り合うきっかけで最も多いものは、実は誰かの紹介だ。縁で繋がり、それが拡大していくというのが現実として多いのだ。

　ではこのような縁をどうやって作るのか？　ポイントは、ご飯や飲む場で気前よくお金を捨てるのだ。ここぞという集まり、面白い人がいる会で、まだ何かをしてもらったわけではない段階でも気前よく相手にご馳走する。パッと思い切って金を出す。いやいや払いますよ、となることもあるが、意地でも理由を作って払い切るのだ。私はこのやり方で随分と縁を得られたし、その得た縁を育て、その過程で別の面白い縁を紹介してもらう機会も多かった。

　世の中金を持っている、持っていない、を問わずそもそも気前よくパッと人にご馳走できる人間はあまりいない。こういう思い切ったことができると良い意味でとても目立つ。勿論金がかかるが、そこは最初の教えを思い出して欲しい。辛抱して、食わねど高楊枝で通すのだ。後輩だろうと、先輩だろうと、この人は面白い、有用だな、と思う人にはまずパッとご馳走しよう。そうするとどの程度かはともかく、いずれにしても好意を持たれることが多いし、しばらくは縁が続いていくものだ。その人との関係性を作っていくのも良いし、その人を通じて縁を広げていくのも良いし、その人がいるコミュニティに参加させてもらって更に縁を探しに行くのも良いだろう。

　最後に裏技として、経費が大胆に使える場合は、ガッツリと領収書を切りながらやる方法もある。経費を通すのも楽ではないのでリスクも伴うが、レバレッジが利くので効率は良い。それは前述したように個人の一本釣りのようなやり方ではなく、主に飲んでいる席でグループ全体の会計をサッと出してしまうのだ。いつ、どんなグループの時にやるのかが肝要になるが、例えば面白い人と繋がって、その人の面白そうな友人が数人集まる飲み会などがベストだろう。「ちょっと投資で臨時収入があったから」とでも言っておけばよい。サッと出すことで注目を集め、感謝もされ、一度にたくさんの人と打ち解けることができるだろう。そこから縁を方々に広げて更なる高みを目指そう。

17

スケベな男は成功する

『相手のことを想い、想像し、イメージできるスケベになろう』

スケベな男は一般的に、想像力に富み、妄想にかける情熱がすごい。種々ある興奮する要素を軸に、自分でイメージして、（文字通り）盛り上げるのが上手だ。私は、エロという欲求は、特に男にとって成長の大きな原点になる、と考えている。性欲が強い、女性好き。大いに結構。妄想をするにも、女性を口説くにも、必須となるのが想像力であり、想像力を鍛えることはとりもなおさず、仕事に活きてくるのだ。

例えば海外とのプレゼン。私は必ず現地の言葉を覚えて話すようにしている。覚える言葉は難しい言葉であったり、込み入った文章であったりする必要は全く無い。プレゼンの冒頭に話す「こんにちは」そして、終わりに話す「ありがとう」これで十分。ではなぜ現地の言葉を覚えて話すのか？　それはプレゼンを受ける現地側の人間は、多少なりとも心の距離を感じているからだ。その冒頭で慣れ親しんだ挨拶を外国人が話すことで、親近感を感じてフッと気持ちが和むのだ。逆のシチュエーションを想像してみて欲しい。白人が片言で「コンニチハ！　オゲンキデスカ？」と言うと日本人なら誰しもフランクな優しい気持ちになるのではないだろうか？　プレゼンは緊張して距離感を感じてもらいながら進めるより、サッと上手に距離を縮めて、相手に腹落ちしてもらってこそ成功に繋がる。

どうやったら相手の気持ちが和むか。素直に、そして前向きに話しを聞いてくれるか。想像力を発揮できれば、どういう工夫をすれば相手の懐に入っていけるのか見えてくるものだ。想像力を駆使するというのは普遍的なもので、当然何も海外向けのちょっと特殊な事情でのみ活きるものではない。

国内のプレゼンで私が良くやっていたのが、『プレゼン相手の更に上司を想像して、どうすれば相手の話が通って彼の手柄になるか考え、お土産を作ってあげる』というやり方だ。

例えば大手小売業を相手にプレゼンをする。当然自社の商品を紹介して最大限に面を取って売るのがゴールとなるし、その方向に沿った提案になりがちだ。しかしそれだけではなく、相手が会社に帰って上司を説得する時のことまで考えたのだ。売りたい新商品について、その魅力や売れ行きの予想、販売手法など通り一遍のマーケティング分析を伝えるだけでは足りない。その商品を売ると、相手が担当するカテゴリー全体がどのようになるのか、その結果売上はどれぐらいまで伸びるのか、利益はどれぐらいとなるのか、ゴールとしてその人にどのような手柄をもたらすのか。相手が抱える全体の課題解決に繋がるような展開、ストーリー作りを実施するのだ。

そこまで綿密に作っておけば相手は社に戻ってから話が早い。

「この商品を採用します。そしてこの競合はカットします。ひいてはこのような効果で、カテゴリー全体で売上はこう伸びて、利益も……」と用意してあげたコンテンツに沿って簡単に上司を説得できるからだ。

会社員はピラミッドの中で生きている。目の前にいる相手が必ずしもラスボスではないのでは？　そんな認識を持って想像力を発揮すべきなのだ。

他にも「この店に絶対商品を採用させたい！」と意気込んで臨んだ商談。一所懸命にその担当の売上向上に繋がるように、ひいてはお店全体の売上改善になるように提案を仕立てて熱を持って話したのだが、どうも反応が今一つ。そこでサッとブレイクとして雑談に一旦切り替えた。彼のモチベーションはどこにある？　と会話から想像していると、何となくイメージできたのが、実はその担当は商品そのものを欲しがっているのではないか？　という仮説だった。

「俺さ、バイヤーとして店の在庫として買っているけど、こんな商品自分では（高いから）普段めったに買えないよ」というフレーズが出たからだ。そこで私は彼が社内に戻ってから話を通せるようなストーリーとセットで現物（ギフト）を用意した。

「どうぞ試して下さい。バイヤーが実際試して納得いかないものを置いて頂くわけには参りませんから！」と気前の良い数量をポンとプレゼントしたのだ。効果はてきめんで即採用が決まり、当然用意した現物以上の売上と利益を会社にもたらした。

「この人は何を欲している？」という視点も、重要な想像力を発揮すべきポイントだ。

また、「この人を喜ばせるにはどうしたら良いのだろう？」という視点でも、大いに想像力を発揮して欲しい。これは勿論様々なシチュエーションがあるが、特に部下について発揮できると強い。会社員であれば、誰しもそのうち部下を持つようになるが、そのマネジメントのやり方に悩む人は多い。

実は部下を鼓舞して掌握するにはコツがあり、一つ簡単で大きな効果がある手段は「しっかりと褒める」ことだ。日本人は褒め下手と言われる。日常的に部下を褒める上司は少数派で、「言わなくてもわかるだろう」という性根も手伝って、部下に対して上司から気軽に言葉をかけることさえしない。実際の調査によると「管理職の7割が部下を褒めにくいと感じており、その理由は〝褒める部分が見つからない〟が最多」というデータが出ている。（サーベイリサーチセンター「ほめる効果」２０１４年５月）これが寂しい現実だ。人間は誰しも皆、褒められたいと思っている生き物だ。であれば、大いに褒めるべきだ。褒める点は注目すればいくらでもあるし、時には大げさにジェスチャーを付けても良いぐらいだ。

「報告書よく書けていた！」

「出社早いじゃないか、偉いね！」

「頼んでおいた資料、もうできたのか。仕事が迅速だね！」

基本的なコミュニケーションやレスポンスからだって褒めることはできる。

人間褒められて悪い気がする人は普通いないので、（当然中身や気持ちが伴っていなければならない。薄っぺらの褒め言葉を、熱を込めずにただ伝えるようなやり方は辞めよう）モチベーションも上がるはずだ。私は特に若手時代には何人もの上司についたことがあるが、振り返ると部下を頻度良く、きちんと褒めていた上司は皆無だった。（反対に怒る人は多かったが）

「厳しい人からたまに褒められると飛び上がるほど嬉しい！」というパターンもあるが、ハッキリ言って今の時代、特に若手にとってはその手の〝厳しい人が見せるたまの優しさ〟という価値観は時代遅れだ。部下が気持ちよく仕事して、成果を出す。結果、自分の成果が十分に得られる……そんなサイクルを作る潤滑油は、部下を褒めて喜ばせる、ということなのだ。

どうだろう、様々な仕事の場面においてこの想像力を発揮する、ということが極めて大切だということがお分かり頂けたであろう。

更に言うと、プレゼンの成功にしても、商品の採用についても、部下と信頼関係を作るということについても、全て上手くいけば、それはすなわち自分の手柄が増えるということだ。スケベな人間は想像力が豊かであり、それによって仕事が上手くいく。

ということは、仕事が上手くいくように常に想像力を働かせている人間は、実は内心相当なスケベであると思って間違いない。

18

ミーハーな男は成功する

『背伸びしないと見えない世界がある。インサイダーになろう』

２０代で盛んに遊んでいた頃、ほどなく渋谷や銀座、六本木のクラブエントランスでお金を払わなくなった。特に銀座のクラブでは、地下のバーカンには顔見知りの知人がおり、酒を飲みたい時はそこへ行くと「よぉ！　飲もうぜ！」といつも気さくに話しかけてくれ、タダで何でも出してくれた。（お返しにお金を胸ポケットにねじ込むこともあったが）

クラブは踊るのも勿論楽しいが、男ならガールハントだ。エントランスやＶＩＰに顔パス、酒も飲める状況は女性を口説く強い武器になった。

どうしてこんな特別待遇になったのか。ポイントは、外側からお客さんとして遊ぶのではなく、インサイダーになり身内として遊ぶことにある。

私は社会人になった当時かなりミーハーだった。

「たくさん遊びたい！　女の子とも付き合いたい！　背伸びしよう！　小説やドラマで見た世界に飛び込んでみよう！」と住む場所を東京の港区、しかも白金あたりのど真ん中にあるタワーマンションに決めた。賃貸だったが狭い部屋の割に若い頃の年収からすると高額な家賃だった。部屋こそ都心故に狭かったが、マンションや内装のしつらえは豪華だったし、立地も良く麻布十番は徒歩圏内、街も静かで治安も良くて住みやすく、女の子を連れ込むには格好の住居だった。そして背伸びをしてそんな環境にいたからこそ得たものはたくさんあり、その中で一番大きかったものはやはり友人、そして友人を介して得られた経験だ。

社会人になると友人ができにくいと言われるが、そんなものはできない者の詭弁で、実際は自ら生活するテリトリーを広げていけば出会いも増え、たくさんの友人ができるものだ。

私の場合、やはり港区に住み、自分でその界隈で遊んでいるうちに輪が広がっていった。まずは背伸びする、そして新しい景色が見えそうな環境に思い切って飛び込んでみる。そこでミーハーに遊び、友人を作る。そしてその友人を通じて違う世界を見てみる。この流れが肝要だ。

さて、友人を作り、インサイダーになっていった流れをもう少し詳しく振り返ると、きっかけはツイッターだった。ツイッターを使って麻布界隈の人らと絡むようになり、オフ会で何人かと交流を持つようになった。やはり麻布で遊ぶような人達だ、彼らは芸能人や業界人がお忍びで来るようなお店や、食べログなんかには決して掲載されない秘密のバーなどよく知っていた。教えてもらいながら、そういったお店で輪を広げたり、スタッフと繋がっていったりしているうちに、昔クラブで働いていたが今は違う仕事をしている人物と仲良くなった。この人物と意気投合し、彼の古巣であるクラブに繰り出すうちに前述のようなインサイダー環境に入ることができたのだ。

何もここに書いているような流れをマネしたって仕方は無いが、この出会いや経験は元々東京に憧れ、遊びたいというミーハーな心を持っていたからこそ始まっていることに注目して欲しい。そして背伸びしたことで友人を介して新しい世界を見たのだ。そこには普通にお客さんとしてクラブに行って、お金を払って外部の人としてクラブを楽しみ、ちょこちょこナンパして……という遊び方では到底知り得ない世界が広がっている。出会える男達の質、女性のレベル、人数、居心地よく過ごせる場所、全てが違ってくるのだ。

また銀座ではこんなエピソードもある。やはり遊んでいる中で出会った女性の一人に、ホステスをしている子がいた。その子が勤めるお店に飲みに行った時、友人としてチーママを紹介してくれた。そしてそのチーママに大変世話になった。友人なので飲み代をかなり安くしてくれたり、もっと有難かったのはお店に来る面白い人を紹介して繋げてくれたりしたのだ。

そこで出会ったのが大手企業に勤める年上の男性で、それをきっかけに飲みに連れて行ってくれるようになったのだが、その人は投資でお金に余裕があったこともあって、一晩に5、6軒はしごするのもザラな豪快な人だった。それぐらい飲み歩く人なので銀座の並木通りを歩くと客引きが皆知っているものだから挨拶してくる。そして時に客引きと一緒に飲むこともしばしばで、そうこうしているうちに私もある客引きと仲良くなった。その客引きと友人として付き合ううちに、銀座の内情を聞かせてもらったり、店でやはり格安で飲ませてもらったりしていた。

その客引きは数か月後に独立して飲み屋を開いたのだが、その飲み屋が面白かった。その店はいわゆるドレスで着飾ったホステスを集めるわけではなく、モデルや芸能系の仕事をしているキャストを働かせて、私服で接客するお店だったのだ。そんなコンセプトだから宣伝もしないし、知り合い経由のみ店に来られるようにして、飲み屋としてひっそり営業していた。私はそこに通うようになり、そのうちにとある女優（映画の主演作もある立派な人だ）と知り合い、やがて彼女と付き合うようになったのだ……

どうだろう、これは勿論実話だ。インサイダーとして世界に飛び込んでいけば、こんな偶発的で面白い出会いの連鎖も起こるのだ。キャバクラやクラブに通う男性は多いものだが、単にお客さんとして通っても得られるものは少なく、出ていくもの（お金）は大きい。逆にインサイダーとして中の人達と付き合っていければ、こんな面白い世界が広がっていて、時に意外な人物と出会え、しかも恋愛に発展することだってあるのだ。

当時勤めていた会社には、私ぐらい東京の真ん中で遊び倒している者はいなかった。他方で会社の先輩や同僚は「出会いがない」「友達ができない」「土日が暇」などと人生を嘆いている者ばかり。私は彼らを見て「文句や他責ばかり。自ら下ばかり見て歩いているからじゃないか。色々と興味を持って、普段自分がいる世界のもっと上の世界を覗いてみればいいのに……」とよく思ったものだ。会社員という人種は常に退屈しているくせに、楽しいことを自らしようとする人がなぜか、少ない。

会社と家の往復で人生を過ごしているだけの人には絶対に見えない世界が存在するのだ。

ミーハーな人間こそ欲望に正直だ。

背伸びして違う世界を見よう。そして思い切って飛び込み、インサイダーになろう。

19

おじさんを転がす男は成功する

『まずは見抜く。もし良いおじさんであれば懐に飛び込め！』

日本の会社員として生きていく上で、おじさんとの付き合いは避けて通ることができない。（海外に行くと実は女性の方が活躍していて、おじさんと付き合う必要がないことも結構ある）若手の頃は先輩から上司、役員に至るまで関わるおおよそ全ての人間がおじさんとなるし、それは年を取ってからも変わらず、社長や役員、同僚、部下に至るまであらゆるところにおじさんが存在する。特に良いおじさんやキーマンのおじさんを見極めて、必要に応じて転がしていくことは、会社員として極めて重要なスキルとなる。が、どういうおじさんがそれに該当するのか。あるいはどうやって転がしていくのか。これについて解説してくれる人はそういない。

実際のエピソードを交えながら説きたい。新卒で入った大企業で私はどうしても横浜への配属を勝ち取りたかった。大きな市場で仕事をしたかった一方で、東京配属では寮暮らしがマストだったからだ。（若い頃、寮暮らしは私にとって考えられない価値観だった。なぜ仕事が終わってからも会社の人間と付き合わなければならないのか、意味が分からなかったのだ。今ならそういう生活も楽しいかな、と思う）一般的に新卒の配属は希望を出すものの、決めるのは会社であり、当時私の会社も皆が受け身であった。

しかし私は行動を起こした。神奈川支店長に直接会いに行って話す機会を作ったのだ。そんな大胆なことをする新入社員はいなかったのでその熱意に驚かれもしたし、喜んで対話をしてくれた。そこで私は直接支店長に「私を獲って下さい、貢献します」と持ち掛けたのだ。結果は見事支店長に動いてもらい、無事横浜に配属されることになった。加えて部下としてかわいがってもらい、銀座の飲み屋に、ご飯に、と仕事の指導以外にも公私問わず大変お世話になった。このように組織の誰に言えば物事が動くのかを考え、そこに向けてアクションをとるのが有用なノウハウの一つだ。

前述した通り、意外と誰もそういう思い切った行動はしない。多くの者は我々が思うよりも行動力が無いのだ。

他にも、ある会社で自転車通勤をしたい、と思った時に人事のマネージャーに相談した。彼はあまり乗り気ではないリアクションだった。おそらく仕事が増える……と危惧したのだろう。即座に私は「この人に話しても時間の無駄だ」と思って、渋るマネージャーを無視して上の役員に話を持って行った。役員は手軽に成し遂げられる成果を求めている。自転車通勤は簡単な制度変更で済み、エコや三密を避ける意味でも、通勤費コストの面でも会社に貢献できて、なにより社外にも強くアピールできる内容だ。更に事故への対応は保険加入を義務付ければ会社のリスクは無くなる。そのような内容で全体のスキームを提示したところ即座に導入を決めてくれた。

どのおじさんに言えば物事が進むのか、彼に何を話せば進むのか、そこを考えることが物事を想い通り進めるためのコツだ。

おじさんを転がすには相手に飛び込む、というやり方も有用だ。

飛び込むということはどういうことか。誤解を恐れずに言えば、男ながら、さながらキャバ嬢のようにおじさんに接し、目にかけてもらうのだ。おじさんは基本的に寂しい。仕事が万事うまくいき、家族の愛情に恵まれ、社外に友人もおり、自分の趣味を持って、美味しいものを食べることができて、女性とのデートも楽しんでいる……そんなおじさんは実は世の中にほとんどいない。ゆえに何らか自分の所に、自ら慕って来てくれる人間は男であっても嬉しいものなのだ。キャバ嬢の仕事の本質である、楽しい時間を一緒に楽しむこと、これをマネする。話を聞いて、相槌を打ち、話題を振り、食事を共にして……相手のことを想ってコミュニケーション上で尽くしてあげると、おじさんもこちらを大切にしてくれることが多い。

例えば私が現地法人の社長の座を勝ち取ったのは、おじさんを慕った結果であった。若手の頃に当時東京支店長であったとある人物。物言いがハッキリしており、周りからの信望も厚い。新人にとっては雲の上の人物であるのだが、私は「この人に自分を売っておけば将来使ってもらえるのでは？」と考え、機会をなにかと作っては対話を重ねて、時に食事に混ぜてもらい懇親していた。時が経ち、本社に異動してからも折を見てコミュニケーションをとっているとある日突然声がかかり、いきなりの栄転となった。周りからは「どうしてこいつが？」「早すぎるだろう」といった声が聞こえてきたが、私はこうなることについて、ある種予感がしていた。キーマンを慕っているとチャンスがある際にご指名がかかるのだ。

このように将来性を考慮して、丁寧に相手に寄り添いながらパッと懐に飛び込んでみることは、満足のいく会社員人生を送るために必要な活動だ。

他にも最近、まさに自ら「この人だ！」と思って懐に飛び込んだエピソードがある。大好きな寿司を食べに行った際に隣に座っていたおじさま。その店は高級店なので元々変な人はいないが、明らかにその方はオーラがあった。多少の縁があったこともあり、私がその人に魅力を感じたので積極的に話しかけ名刺をお渡しした。

相手はプライベートだったため名刺を持っていなかったが、次の日すぐに御礼のメッセージを送ったところ、丁寧に手紙と共に名刺を送ってこられた。（こういう細やかな丁寧さ、気配りが大物たる所以だと思う）そこからコミュニケーションが始まり、飲み会に加えてもらいながら懇親を重ねた。だんだんその人物の背景がわかってきたが、やはり地方の大きな企業の社長であった。

その頃丁度私は顧問や社外取締役に興味があった。他社の経営を、本業をしながら学べるし経歴に大きな箔をつけることができるからだ。普通は顧問や社外取締役はそれなりの経歴（社長経験者や、大企業の役員経営者など）が必要だが、私は思い切ってその社長とご飯に行った際に「私を育てる意味も込めて社外取締役にして頂けないでしょうか？」と直談判したのだ。相手は私を買って下さり前向きに検討することをその場で約束してくれた。それなりの経歴や実績、面白さが私にはあったのかもしれないが、それでもこの若さで直接「社外取締役にしてくれ」と言ってくる者はそう、いないはずだ。きっと驚かれたことだろう、しかし自ら飛び込む勇気を持つことで、その前向きな熱意を買ってくださった。

キーマンに出会えたら、関係性を作る努力をする。関係性ができたら上手に育て、機を見て飛び込む。

道を開く一つのやり方だ。

Chapter 5

こんなトコロにも、人たらしのエッセンスが！

今夜は高級ホテルのバーで...

20

高級ホテルって実は…

『安いホテルは泊まるだけの宿。質の良いホテルでセンスを磨け』

成熟した男を目指すなら、経験値が増える環境に身を置き、そのレベルに自身が慣れることが一つの近道だ。その点で高級ホテルや質の良いシティホテルは有用な世の中のサービスの一つだ。

東京に出てきたばかりの頃、知り合ったモデルの女性を口説くチャンスがあり、初めて良いホテルを利用した時の話だ。一軒目に品の良い和食店でご飯を食べて、二軒目は東京タワーに隣接するホテル、ザ・プリンスパークタワーのバーを使った。そこで二人とも良い感じに酔っ払い、私はおもむろに店員を呼び、昔ドラマで見たことのあるアレを決行した。

「チェックして下さい。それから下に部屋、とれますか?」

今思うと照れくさいキザな口説き方だが、その時は見事成功し、広々とした快適な部屋で無事彼女と朝まで過ごすことができた。当時東京をよく知らない私には高嶺の花だった女性だが、後で聞くとやはり「あのバーであの部屋なら、そりゃあね」やはり女性はロマンティックな夜景、ムードに弱いのである。

また私自身その時、質の良いホテルのサービス、設備、雰囲気、施設を味わい、存分に魅了された。その時の体験が忘れられず、以降私はホテルのレストラン、ショップ、宿泊サービスをちょくちょく利用するようになる。デート以外にも、会食や面談で使ったり、ホテルオリジナルのスイーツを手土産にしたり、あるいは香りのよいディフューザーを買ったり。

質の良いホテルはまとっている空気に特別感がある。空間がオリジナルな独自の雰囲気を作っており、我々を非日常なムードで包む。

試しに利用してみて欲しいのがバーだ。別に街の中にある手頃なアイリッシュパブで飲むクラフトビールが悪いわけではないが、ホテルのバーはそこでしか味わえない光景や空気感があるため、その経験や味わいが特別なものになる。

女性を口説くことも勿論素晴らしい使い方だが、オススメは一人での利用だ。誰の目を気にすることも無く、極上のお一人様時間をじっくりと味わうことができる。質の良いホテルには目の肥えた富裕層が宿泊することが多いため、結果バーテンダーは一定以上の腕前であることが多く、お酒も美味しい。が、なにより良い意味で距離感が絶妙で、接客が心地良い。

例えば私は六本木のリッツカールトンのバーカンで飲んだ思い出が甘美で、今思い出してもうっとりする。大きな仕事が一段落した時だったと記憶するが、遅めの時間に人と会う予定だったため、寸時利用した。カウンター越しに見える夜景が美しく、天井が高くエレガントな内装も手伝って、とても贅沢な一人時間を満喫した。そういう時に自分を内省することが明日へのポジティブな活力になるし、その経験が自分の自信に繋がる。経験値が増え、上質を知る男になれるのだ。世の中をよく知り、経験している男は女性にモテる。

想像して欲しい。安いチェーン居酒屋で飲むことしか知らず、「酒なんてどこで飲んでも一緒だろ？　高い金出してホテルのバーで飲むなんてバカのやることだよね」というような考え方の男性がモテるだろうか？　別にホテルのバーで飲んでもたかだか数千円、しれているのだ。時に格安居酒屋で、時に格好の良い高級ホテルのバーで。使い分けができるようになった方が自分の人生がより豊かになることは間違いない。

質の良いホテルは調度品のレベルも一定以上高いため、ステイしても居心地が良く、快適で疲れも良くとれるため宿泊経験も是非積んで欲しい。

一つの使い方は勿論女性に対して。エロホテルでは味わえない、品の良いムードを感じられる、特別な二人の時間になるだろうし、女性も「自分は大切にされている！」と間違いなく喜んでくれるはずだ。そして実は知らない人も多いのだが、価格でもそんなにエロホテルと変わらない、という実態も知っておいて欲しい。エロホテルは郊外の安いところは気持ちがどこか貧しくなるからできれば避けたい。となると街中のちょっと雰囲気の良い所を選びがちだが、意外と料金は高い。見栄を張るためになるべく、街中で綺麗なエロホテルを選んで下手に一万円以上出すなら、有名ブランドは難しいとしても、そこそこ良いシティホテルで泊まれる所はたくさんあるので、そういう選択をするようになると生き方が変わってくる。

また仕事でも是非活用して欲しい。例えば出張。勿論予算の制約もあるだろうが、実はマリオットグループはそれこそ世界中にあって、ランクも最上級のリッツカールトンやWホテルに始まり、お手頃な価格のコートヤード系まで幅広く選択肢がある。（実はシェラトン系のホテルも今や同グループだ）国内外問わず出張の際に泊まるとその都度ポイントも溜まるし、ステータスも上がっていくので人生を通じてお得に活用できるようになる。（私はエリートステータスなので、常に朝食やラウンジ利用は無料。チェックイン・アウトもかなり融通が利き、部屋の自動アップグレードも頻繁に起こる）国内だけではなく、海外も視野に入れて、また長期的なお付き合いでの視点を持つと、マリオット系はオススメのホテルチェーンだ。

質の良いホテルを使う時の注意点はただ一つ、服装だ。様々な人種、ステータスの人間が集まる場所であるがゆえ、一定のＴＰＯがある。Ｔシャツ一枚や短パン、サンダルは避けるべきだ。ただし、Ｔシャツにジャケットを着ていれば大丈夫、靴も革靴で無くても良い、スニーカーだって大抵の所は許される。ホテルは基本的にお客が主役だ。しっかりＴＰＯさえ守っていれば問題ないので、何かして欲しいことや聞きたいことがあれば何でもスタッフに相談してみよう。

また、逆にホテルで個人的にオススメできないサービスは寿司屋だ。ホテルのレストランは居心地も良く、秘匿性も高いため私もよく使うが、寿司屋だけはほぼ使わない。飲食の中でも高級寿司は原価率が高い業態だ。ホテル内にある寿司屋は家賃が高いがゆえに結果として街の良店に比べるとネタの質が落ちるか、価格が高めになる。海外からの来客の際も、寿司だけは外に連れ出すように私はしている。

ホテルはランクによらず、コロナ禍以降かなり割安に利用できるようになっている。当面は海外の往来も制限されるため、業界そのものは苦しいだろうが、消費者にはお得な状況が続く。

安易にエロホテルを使うのは卒業だ。

是非高級ホテルやシティホテルにも足を運び、人生の経験値を一層増やして欲しい。

21 空港のラウンジって実は…

『旅では全てが整うラウンジを必ず活用しよう』

私は国内外問わず出張が多かったこともあり、飛行機に乗る機会に恵まれた。海外出張に行くようになってからは飛行機会社のステータスのランクも上がり、旅を快適にどう過ごすか、そういう視点に意識がいくようになった。

若手の頃は体力が有り余っていたし、疲れたと感じる時でさえも、今思えば４０代の疲れとは全く質や深さが違い、楽なものだった。よって旅に〝快適さやゆとりを持って〟という観点はなかった。そうなると若い頃の飛行機に乗る楽しみと言えば、旅に出る高揚感を味わうことと、キャビンクルーとコミュニケーションをとることだった。時にキャビンクルーをナンパもしたし、目的が仕事だったとしても現地で何をしよう、どう遊ぼう、と、よこしまなことばかりを考え、企んでいた。……それがいつしか年を取り、仕事の重みや旅の役割は変わっていった。体力も落ちてきて、長時間のフライトがきつくなってきたのだ。そうなると単純に「旅だ、出張だ、楽しい、嬉しい！」と浮かれてばかりはいられない。覚悟しておいてほしいが、年を取るとどうすれば疲れをなるべく溜めずに移動が完遂できるか、という価値観が大切になり、プライオリティが全く変わってしまうのだ。

勿論機内でビジネスクラスに乗れれば道中も楽になるが、このご時世よっぽど出世するか、従業員を大事にする会社以外は、つまり大部分のサラリーマンにはなかなか難しい要求がビジネスクラスへの搭乗だ。となると、疲れを溜めないように移動するためにいったい何ができるのだろうか？

まずは飛行機キャリアのステータスランクを上げることだ。私も若い頃は「どのキャリアでも変わるものか、マイルとか細かいこと気にして生きていられるか！」と雑に考えていたが、ある時より考え方を改めた。実は飛行機という移動手段は一回一回丁寧にキャリアを集中させていれば意外と楽にランクが上がっていくのだ。

そのための準備として大切なのは2つ。まずはＡＮＡかＪＡＬかでキャリアを決めてクレジットカードを作ろう。どちらが良いかは乗り心地やキャビンクルーの制服……ではなく、国内・

国外双方の使う路線によって、どちらが便利かをよく判断して決めよう。意外とＡＮＡかＪＡＬで得意とする路線は違う。これを怠ってしまうと行かなければならない出張（あるいは遊び）で便が飛んでおらず、もしくは便数が少なく不便な思いをするハメになる。どちらかを決めたら各キャリアが出しているクレジットカードを作って予約毎に使えば、マイルも貯まりやすく、キャリアも上がりやすくなる。

もう一つはシンプルだが、国内出張をする際は絶対に新幹線を使わずに飛行機にしよう。飛行機は時間がかかるという意見もよくあるが、新幹線も経由が多いし時間がかかるのは同じだ。私の経験上はどちらもドアｔｏドアで比べればどちらが早い……とは一概に言えないことが多い。つまり飛行機を使って損はしない。また会社で飛行機を使っている人がいない、あるいは新幹線チケットがあって……など事情もあるだろうが、それも屁理屈を作れば私の経験上なんとでもアレンジできる。飛行機の方が家から近くて便利、価格の比較、空港にある土産が得意先に響く、予算はとってある、時間変更が楽、何か理由があれば大丈夫、というのが会社員をやってきた素直な実感だ。どこか他県に出る予定があれば、便がある限り飛行機で。これを徹底したい。

こうやってキャリアでのステータスを上げていくと何が良いのか。それは空港で様々な特典を受けられるということだ。

まずランクが上がると一般の保安検査場ではなく、専用のルームでチェックインや保安検査を受けられる。カウンターで長時間待たされることがないので、この席は空いていませんか？といった相談も気軽にできる。相手もランクが上の客だからこそ、熱心に相談に乗ってくれる。保安検査も同じく待つことなくササッと抜けられる。

意外と待つのが嫌で飛行機が嫌い、という人は多いが、このようにランクを上げればストレスは一気に減る。ちなみに私はＡＮＡのダイヤモンド会員なのだが、いつもスイート専用の受付に寄ってわざわざ紙の搭乗券をもらっている。携帯にのぞき見防止フィルターを付けているからか、いざ搭乗する時にＱＲコードを上手く読み取ってくれない時があり、まごまごすることがあったからだ。サッと待つことなく専用カウンターに寄って紙の搭乗券をもらっておけば、携帯でトラブルになることはなく、スムーズに搭乗が可能だ。そうしてチェックインルームを抜けたら、国際線なら免税店へ行くのも良いし、国内線ならお土産を見るも良い。だが、旅慣れていれば買い物も特に無くなりラウンジへ直行となる。

このラウンジ、ランクによっても変わるのだが、なかなかに快適な場所なのだ。クレジットカード特有のラウンジも空港にはあるが、やはり席の広さやサービスを比較するとキャリアラウンジに軍配は上がる。飲み物もあれば軽食もあるし、海外線ならちゃんとした食事も用意されているし、お酒やアイスクリームまであって至れり尽くせりだ。スイートラウンジともなればクルーが席まで案内してくれ、おしぼりまでもらえる場所もある。電源もあるので、携帯の充電が可能で、勿論ＰＣを広げ仕事をしても良い。私は別テーマで書くが出張前に出張レポートを作り上げてから出張に出るので、大抵ラウンジでレポートを作っている。

こうやってラウンジでは各々自分の時間を楽しむことができる。しっかりとフライト前に気分や体調、仕事の状況を整えてから旅立てるメリットは大きいものだ。

もう一つ、変わったラウンジの楽しみ方を。特にランクの高いスイートラウンジなら周りをよく見てみて観察してみよう。実はその空港やキャリアにもよるが、人知れず空港にはＶＩＰ、芸能人向けに特別室が用意されていることもある。ただそこを除いてはスイートラウンジの客はそのキャリアのトップレベルの人達である。で、周りを見てみて欲しい。私は何度もこのラウンジに行っているが、金を持っている雰囲気の人達は確かにいる。スーツを着た会社員も多い。（ちなみに女性はあまりいない。海外のラウンジには多いのでそれも面白い差だ。社用族が日本は多いのだろう）そのなかで、「この人カッコ良い！」と、見た目や雰囲気含めて憧れる人がスイートラウンジにはいないのだ。本当に滅多にいない。金はありそうだけど勘違いした格好の人、体形が崩れた人、疲れた会社員（スーツもピシッとしたものではない）など、素敵な人を体感上全然見かけない。

なので、逆説的に自分に自信を持つことができるのだ。

敢えて言ってしまうと、「スイートラウンジにいる人、なんだかたいしたことないなぁ」ということだ。

「なんだ、こんなもんか」

こう腹落ちすると、人間そのレベルに慣れることができるし、次のレベルアップに向けて力強く進むことができる。

22

会社選びって実は…

『会社の成り立ち、環境やクセを把握していれば出世も早い』

いくつか前のトピックで「環境作りが大事だよ」と述べたが、今回はマクロの視点から今あなたが所属している会社の環境はどうか、考察してみて欲しい。そしてその中でどう動けば良いのか語りたい。

会社員は誰しも組織に属しているが、一口に組織と言ってもそのキャラクターは様々。その中で特に認識しておくべきレイヤーは二つ。一つは上場企業か非上場か。もう一つはオーナー企業かサラリーマン社長の企業か、だ。

それぞれを掛け合わせた時に、会社の考え方に特徴が見えてくる。まずはそれがどのような性質なのかを知っておくことが肝要だ。

上場企業はやはり何といっても株主からの目、これをとにかく気にして動く。決算を含めて事業展開の説明責任があるし、会社としてわかりやすく言うとクリーンであることが求められる。従ってコンプライアンス遵守を厳しく求められるし、組織体制も盤石に作られていることが多い。ここでいう盤石とはしっかりと人が配備されているという意味で、悪く言うと特にマネジメント陣を中心として過剰人員であることも少なくない。特に昔からある大企業は顕著で、上が詰まっていて若手が出世できない、という悩みを抱える会社が多い。（なんと夢がない事態なのだろう。仕事の是非よりもポストがない、という組織の問題の方が優先されているのが実情だ）

会社がクリーンであるというのは一見働きやすく良さそうなものだが、大きなデメリットもあり、それは何を検討するにもリスクを取りたがらなくなる、ということだ。保守的な考えがはびこる会社は成長しにくい。

私の最初のキャリアは上場大企業だったが、営業するにしても「無理な売り方はするな」プロモーションを作るにしても「万が一クレームに繋がってはまずい、やりすぎるな」と、どんな仕事もそんな調子で守りの姿勢に入っていた。会社の全体方針や、上司の口からは「尖ったことをしろ！」という言葉が出てくるのだが、尖った企画なり、動きをすると、ことごとく「やりすぎだ！」と窘められる。また、しっかりと人が配備されている……というよりも単に過剰であるがゆえ、動きがとてもスロー。例えば一つ企画を通すにしても、根回しや忖度をしなければいけない人が多く、大変だった。

　関わる人が多ければ多いほど、意見や文句は増える。人それぞれ異なった考えがあるからだ。最初どんなに尖った企画を作ろうが、色々な人に揉まれるうちに角が取れていく。加えてゴールまでの時間も相応にかかる。だいぶん経ってヘトヘトになってようやく決裁をもらった時には、面白くも何ともない平凡な仕事が目前に転がっており、徒労感のみ感じて「俺は何をやっているのだろう……」そんな状態になるのだ。（一見恵まれている大企業にうつ病患者が多い理由の一つはこれだ）

　最悪なのはそういう面白くも何ともない結果を持って何か施策を実行に移しても、当初望んでいた結果は得られないことだ。会社からは「結果が良くないぞ！　どうしてだ？」と責められる。担当は「いや、色々言ってきたあなた達のせいだろ！」と思うが、残念ながらそうは返せない。こうして更に疲弊していく……

　上場企業と言うのは大きくなればなる程、このような尖ったことができない＆スピードが遅い、という問題に悩まされる。

実際に500名以上従業員が在籍する社員への調査結果でも、5割が〝自社は大企業病だ〟と認識しており、その中身で多かった意見は「意思決定が遅い」「内向きで仕事が進む」というものである。（リクルート・マネジメントソリューションズ「勤務先企業の風土」2015年12月）

その点で非上場企業は、会社外への説明責任が希薄であるがゆえに尖ったことも比較的やりやすく、組織もある程度はスリムな場合が多く、上場企業と比較すると一般的にスピード感を持った仕事ができる。

次にオーナー企業。これは意思決定がほとんどオーナーのさじ加減一つで進んでいくために、まず意思決定のスピードがすさまじく速い。これは合議制を基本とする日本の会社が多い中で強みであるし、ビジネスの醍醐味を存分に感じることができる素晴らしい利点だ。加えて意思決定までのレイヤーもシンプルであることが多い。いずれにしても最後はオーナーがジャッジするために、組織に無駄が少ないのだ。（オーナーは自分の会社のコストにシビアだ。無駄な人員はできるだけ省こうとするという動機もある）つまり、オーナーに話がいくまでの構造がシンプルであり、結論への判断も早い、という特徴がある。仕事が早く進み、また色々な人に揉まれることなく原案に近いものが届くため、首尾よくオーナーからOKを取ることができれば尖った仕事もやりやすい。

ではオーナー企業が最高の環境かというとそうでもない。なぜならオーナーが全て決めるということは、オーナー独裁になりやすく、ともすればオーナーに気に入られることが会社でのモチベーションになってしまうことが往々にして起こるからだ。

私が二年在籍した地方のガチガチなオーナー企業では、当時の会長が神であるかの如く振舞っており、周りは全て自分の意見や考えを持たないイエスマンばかりであった。いくらスピード感があり、尖った話を持って行けたとしても、独裁政治の会社で働くというのは気分が滅入るものだ。オーナーが絶対的な力を持つため唯我独尊になりやすく、端的に言うと従業員軽視になるからだ。

「俺が、俺の会社で、お前らを雇ってやっている！」と考えている傲慢なオーナーは世の中に山ほどいる。会社が地方にあるなら尚更だ。地方の雇用を作っている自負も手伝って、関係者全て（得意先や、お客様、従業員、会社のあるコミュニティの住民に至るまで）をバカにするオーナーも少なくない。実際に私がいた企業の会長は、メディア（テレビや新聞など）に出る時はニコニコで得意先やユーザーへの感謝の言葉を述べ、社に戻ると「くそ！　バカな連中ばかり。使えねぇ！」と舌の根も乾かぬうちにボロカスな言葉を周りにぼやき散らしていた。こんな人の下で長く働きたいと思う主体性のないイエスマンも世の中にはたくさんいるだろうが、そんな人間は、残念ながら何らか成功を手にすることはない。

私のお勧めはスバリ、良いとこ取りだ。クリーンさもあって、話も通すまでのレイヤーがなるべく少なく、スピード感をもった仕事ができる……　そういう環境が良いなら、上場しているオーナー企業を選べば良い。

上場しているがゆえに、会社の体裁はある程度整えねばならないので、得意先やユーザー、従業員を大切にする制度が一定以上備わっている場合が多い。仮にオーナーそのものが関係者を軽視していても、独断や暴走を組織の仕組みで守ることができる。更に組織自体が上場大企業などに比べてスリムであるため、直接オーナーやその下の社長・副社長あたりに話を通せばサッと、話も尖ったままで仕事を進めることができる。

ある程度の透明さ、公平さがあり、仕事もダイナミックにできる上場オーナー企業。就職や転職を検討する際は、念頭に置いて活動すると良いだろう。

Chapter 6

人たらしなら、時に裏技も使って同僚に差をつけろ！

ダメおじさんには関わるな!

23

使えないおじさんを無効化する裏技
『ダメなおじさんに関わるな。害になるようなら対処しよう』

会社員をしている以上おじさんと付き合わなければならないが、世の中には良いおじさんよりもダメなおじさんの方が多い。会社員を対象としたアンケート結果では、予備軍を含め23％もの人間が「能力不足」によって「会社に出勤しているにも関わらず、仕事が無い状態。つまり社内失業」となっているようだ。（エンジャパン「社内失業に関するアンケート」2019年2月）一般的に若手なのに社内失業になるような事態は考えにくく、実態は仕事のないおじさんが多くいる、ということだろう。良いおじさんへの対処は簡単だ。見つけたら相手を知ろう、懐に飛び込もう、という流れで良い。しかしダメなおじさんは数が多いので、基本的には上手にあしらって付き合うことが必要だ。とはいえダメなおじさんが関係者や自分の近くにいる人物の場合、無下にもできないなぁ……と考えがちになる。

どう向き合うのが正解なのか、エピソードを交えながら解説したい。

若手で横浜にいた頃、一時期上司がダメなおじさんだった。部下への指示もなげやりで的を射ず、私は仕事をするにあたって、この上司では支障があると感じていた。ではこの人の指示には従えないな、と判断した時にどうしたか。勝手に無視して動き、その代わり結果を出したのだ。上司としては指示を無視されると面白くないが、なんせ結果を出してくるので結果としてあまり強く反発を受けることは無かった。

この人物のトピックはまだ他にもある。そのダメなおじさんは実は酒乱だったのだ。よく飲みに駆り出され部下に説教をしたがったのだが、酒が入ってくると荒れて語尾がきつくなり、傍若無人ぶりに手が付けられなくなっていた。しかも店員さんにため口で命令するので、一緒にいて恥ずかしかった。私は時間や気持ちの平穏を奪われ、ほとほと困ったので手を打つことにした。

何をしたか。それは酒を逆にたくさん飲ませ失態をわざと起こさせたのだ。まんまとそのダメおじさんは策にはまり、したたかに酔っ払い、なんと居酒屋の廊下で小便をした。当然店から厳重注意をされ、おじさんの面子は丸つぶれ。私が全てその時の後処理やフォローを行って表面的には事なきを得たが、その後そのダメおじさんは私に逆らえなくなった。そんなところを見られ、後処理までさせたからだ。会社に報告でもされたらそのおじさんに未来はない。以後私は生意気な態度をとったり、指示を無視したりしても許された。

何か罠を仕掛けてでも、そいつの弱みを握る。ダメなおじさんにはこういう対処の仕方がある。

次に、ある得意先のトップ。その人は力で全てをねじ伏せるタイプの人間で、やはり私は苦手だった。営業の進捗会議ではいつも得意先に高圧的。相手をリスペクトする、とか協働しよう、とかいった態度ではなく「言うことを聞け」「良い条件を出せ、この野郎！」といったムードでいつも接してきた。私は他社の人間よりも上手に接してはいたが、それでも腹では「このダメおじさんをなんとかできないものか……」と思っていた。

するとある日事件が起きた。そのおじさんに多少は気に入られていた私は、少人数でのご飯に誘われた。正直気が乗らなかったがしょうがなく参加。そして一次会が終わったあたりの時間だった……

二件目に行こうか、と数人で話していた際にそのおじさんが私に絡み始めたのだ。

「お前、今日いくら持っている？」

「えっと、数万円ほどでしょうか」

「お前！　俺をバカにしているのか？　今すぐ百万円用意しろ」

「え、そんなにお金ありません、経費でも落ちません！」

「なに！　ふざけているのか？　俺と飲みに行くのだぞ！　いつも最低でも百万は財布に入れておけ！　この野郎！」

と彼は怒鳴り散らした。私もドン引きだったが、周りもやはり引いていて「飲むといつもこうなるから流した方が良いよ」と助言された。

そこで私は何をしたか。逆に「お金ないですよ……」と流さずに受け止め、泣き落としにかかったのだ。演技も含めて返しているとダメおじさんからの高圧的な絡みも一層エスカレート。「俺をバカにするなぁ！」と何度も理不尽に怒鳴られた。実は私の狙いはいじめられるフリをすることにあった。するとその夜以来、周りの同業他社も含めてなんと、ダメおじさんの部下達までもが私に同情し、優しくなった。具体的には飲みに誘われそうになった時にかばって参加しなくても良いように手配してくれたし、仕事中に厳しいプレシャーをダメおじさんからかけられた時にも、ダメおじさんから守ってくれるようになった。

その一回、割り切って演技をしたおかげで、その得意先との付き合いがとても楽になった。ダメおじさんは周りからもやはり「こいつダメだ……」と認識されているものだ。ゆえに周りの人間を巻き込み、力を借りることが有用だ。同情心などを上手に利用しつつ味方につけると、自分が楽になる。

次はあるダメおじさんが部下になった時の話。一時期、社内の断れない人からのリファラル、つまり紹介で私より年上のおじさんが部下になったことがある。経営者としての経験もあるなど経歴書の見栄えが良く、即戦力としてそれなりの給与も用意して入ってもらった。が、ふたを開けると他責して仕事を一切せず、指示にも従わない、会社の文句は言う、と散々な人間であった。能力的にも経営をやっていたとは思えないほどレベルが低く、商売の基本である粗利の計算も間違えるほどの幼稚さ。当初は何も言わずに仕事を任せていたものの、全く業務が進まないために、すぐに任せるのを辞めて介入した。具体的には課題の整理をしてあげて、どう進めるべきかディレクションしてあげて、ＴｏＤｏまで私が作ってあげた。しかし、それでも、遅々として仕事が進まないのだ。そんなおじさんに何をしたか。

私は仕事を取り上げることにしたのだ。具体的には彼がやっている仕事全てに介入し、自分で進めながら他の部下も巻き込んで、ダメおじさんの出番を無くしていった。するとやはりというか、当然というか、仕事が進み始めた。

それまではああでもないこうでもない、と言い訳や他責のエクスキューズばかりしていたダメおじさんであったが、実際に進み始めた現実を見て焦り始めた。しかし私は容赦せず、上手に彼も絡めつつではあるが出番外しを継続した。（あからさまにやったり、全く外してしまったりすると、今の時代パワハラとして訴えられるリスクがあるためだ）そもそもやっている仕事は、あらかじめ私がそのダメおじさんに指示した内容なのだ。私がやれば全て完遂できる。

散々今まで文句ばかり言って、今更焦っても遅い。

「え？　○○だからできない、とおっしゃっていましたよね？　ですから、やって頂かなくて大丈夫です」

ダメおじさんの言ってきた言い訳をそのまま使って、彼を外す正当性を作った。ほどなくしてダメおじさんと面談を持ち、「どうやって会社に貢献するおつもりですか？」というストーリーで詰めて、最後は辞めさせた。

ダメおじさんは放っておいても害しかない。

割り切って、非情に、冷たく、上手に切り捨ててしまうのも一手である。

時にはこんな裏技を使って、同僚に差をつけよう。

24

出張後に報告書を書かなくて済む裏技

『報告書は事前に完成できる。後から書く必要は無い』

国内外問わず、ビジネスマンにとって出張はつきものだ。コロナ禍以降働き方は変化しているが、それでもやはり現地現物の確認のため、あるいは得意先やお客様との信頼関係構築のために、今後も出張が完全に無くなったりすることは無いだろう。さてこの出張、皆が口を揃えて言うのが、「やっと出張が終わって疲れているのに、報告書を出せ出せと言われる。書くのが面倒くさい」という愚痴だ。

経済が右肩上がりではないこのご時世、企業も余裕があるわけではないので出張は予定を詰め込みがち、自然タイトなスケジュールになる。朝から晩までアポイント、場合によってはランチミーティングや夜は会食、せっかくの出先で観光する余裕なんてまるでなく、動きっぱなしだ。更には慣れない土地で慣れない枕。これが海外なら食事も合う・合わないがあり、加えて時差による体調の変化とも戦わなければならず、更には治安の悪さにも気を付けながら……となってくると、出張中のストレスは相当なものだ。つまり、帰ってきたら疲労困憊、クタクタなのである。

「休ませてくれよ……　俺はやり切ったのだから当然だ……　報告は後でやるよ……」

頑張った自覚があればあるほど、そう思うのではないだろうか？　しかしここに落とし穴がある。実は待っているあなたの上司は、あなたが出張に行った時からずっと、報告を待っているのだ。逆に出張に行った側のあなたは、帰ってきてから「さぁ、成果をまとめて報告しよう」となる。ここのギャップに気付いて埋められるようになると、出世が早くなる。

報告を持っている側というのは、あなたが出張に出た日からあなたは不在となるため、基本的には情報が入ってこなくなる。出張が一週間なら、あなたが返ってきた時点でもう既に一週間待ち続けていることになるのだ。しかし当の本人は、一週間懸命に頑張ってきて、疲れている中ちょっと休んでからレポートを丁寧にまとめ始める。そうすると、結局報告をあげるのは帰ってきてから一週間後といった事態となる。この場合、報告を待っている側は合計して二週間もの間、悶々として成果や次のタスクを気にしながら待ち続けているのだ。

出張でどんな成果を出そうとも、これでは良くて及第点扱いだろう。誰しも待たされることが大嫌いで、待つ行為はストレスそのものなのだから。

では私はどうしていたのかと言うと、そもそも出張報告は帰ってきてから書き始めるものではなく、事前に作っておくもの、という認識で仕事を進めていた。それは、出張は事前の段取りを完璧にしてから行くものだ、という認識からきている。つまり情報収集、下調べからアポイント、想定される商談ストーリー、交渉のオプション、出してくる成果、成果をもとにした宿題や次に向けたアクション、そのスケジュール……　ザッとファクターとしてはこんなものだろう。全ての要素について、出張に出る前に想定し終えてから出発する。

すると面白いことが起こる。出張に行く前から、報告書を完成させることができるのだ。勿論現地で初めて知る情報や、商談結果、写真添付用のスペースなど空白箇所がいくつかは生じるが、それらは何ら大局に影響しない。都度結果をもとにアレンジして書き込むだけなので大抵はササッと埋められる。大切なのは、そもそも自分の理想通りの結果を想定してレポートを事前に書いておく、ということだ。つまり、その設定したゴールに到達するべく現地で奮闘することが出張の本質なのだ。

またもう一つのコツは、そのゴールやポイントとなる成果を、出張に出る前にきちんと上司に説明しておくことだ。

「こんな目的で出張に行き、こんな成果を、こんなスケジュールで完遂してくる」と事前に握っておいて、出張中は毎日ごくごく簡単なメールを出しておく。

「今日はこんな進捗で成果はこんな感じです。予定通りです」といった具合に。

出す側も読む側も手間にならないレベルの内容や量で充分だ。勿論何か相談事項があればそれも加えておけば良い。そうすると報告を受ける側は日々の状況がわかるし、もし何か指示がある場合もタイムリーにリアクションができる。待たされている感覚もなく、お互いの想定成果や時間軸のギャップも生まれない。このような段取りをしてから出張に出れば、現地では計画したタスクに集中できるので仕事が楽になり、余裕が生まれる。出張の道中にハプニングはつきものであるが、精神的、あるいは時間的な余裕があればこそ、そういった事態にも対処できるものだ。そうすると仕事に振り回されることが無くなり、現場を楽しむゆとりも生まれ、より現地を知り、人とのコミュニケーションも取れ……と、どんどん出張が楽しくなってくる。

逆説的だが出張を楽しんでいると、その雰囲気や自信が表情や態度にも表れ、商談だろうが調査だろうが結果的に全てが上手くいくものだ。後は既にほぼ完成している報告書を手直ししておいて戻ってから即、出せばよい。出張から帰って即、報告書を出す者はまずいないので、それだけで評価が上がる。そもそも日々報告を入れているので大きな指摘や問題が発生することはないし、口頭で一度改めて出張結果について説明しておけば、そこから堂々と数日休むことだって可能だろう。更には「報告書をまとめないと……」と思いながら寸時休むよりも、精神的にも相当楽に、リラックスして出張後の休みを満喫できる。いいことばかりだ。

私はある時期、アメリカのＮＹＣと日本とを毎月往復していた。時差によって時間軸が反転するので、毎月通うのはしんどい距離だった。現地との、あるいは現地にいる時の日本との打合せも早朝深夜はザラ。更には時差に慣れた頃に日本に戻って、日本でまた慣れた頃にＮＹＣに戻って……と、当時体力的にはかなり負荷がかかる仕事だった。しかし、私には楽しい思い出がいっぱいだ。それはやはりゴールを事前に設計して、現地では為すべきことを着実にやるだけ。報告は帰りのフライトでサッと完成させて、空港に着いたらサクッと提出。家に戻ったら数日は休みをとって、完全にオフの期間を楽しむ……　そんな余裕のあるライフサイクルを確立できていたからだ。現地を楽しんでいたため、大切な友人もできたし、ステディなニューヨーカーの彼女にも恵まれた。

これはやはり、ゆとりのある出張になるように工夫してきた成果の賜物だろう。

25

経費を使いまくる裏技

『会社のお金を大胆に使い成果を出す。時には公私混同すれば良い』

経費を使うのが苦しい時代だ。売上が激増していて経営が楽でたまらない……　そんな会社なんてごく一部で、皆会社からは相応のプレッシャーをかけられ、「お金を使うな、経費を抑えろ」こんな風に大なり小なり言われているはずだ。特に接待を含めた交際費や、食事で使う会議費などは締め付けがきつく、飲食を経営している友人からも、飲み屋を経営している友人からも、「いわゆる社用族の領収書ありきの飲み食いは減っているねぇ……」という話をよく聞く。だが前述の通り減ってはいるが、変わらず領収書を使いながら飲み食い（や他のことも）を行い、お金を使っている人たちだって実はたくさんいるのだ。

経費を自分の意志で使える男は成功を手にしやすい。それは仕事にレバレッジが利くようになるからだ。例えば経費が使えれば、得意先と商談するだけではなく、会食を提案できる。ZOZO前社長の前澤有作氏は4人の会食で五百万円使う事もあるそうだが、そこまでド派手である必要はない。（2018年12月アッコにおまかせ！内での出川哲郎氏の発言より）適切なお店で素敵な食事を共にして相手の気分を高揚させることができれば、関係性はグッと近くなり成果が得やすくなる。会食を通じて仕事の成果が積み上がれば、更に大きな仕事や給与としてリターンが自分に跳ね返ってくる。経費を使えるようにする、しかも自分でコントロールできる環境を作る。これは、より大きな仕事を勝ち得ていくために必須のスキルでもあるのだ。

ではどうすれば経費が自在に使えるようになるのか。それはストーリーとゴールを描くことだ。元々予算があるかどうかは関係ない。何のためにお金を使い、それがうまくいった場合どんな成果をもたらすのか、この2点をまずは明確にするのだ。

例えばこれまであまりアプローチをかけられていなかった得意先の担当が、焼き鳥好きだとわかった。次の日が休みである金曜日にちょいと美味しいお店に誘ったら乗り気だ。この担当は企画を決める決定権がある、決まれば新規の売上が見込めて課の予算も達成できる……

こんな状況なら、上司に伺いを立てる必要もなく存分に飲み食いして、後で経費を堂々と会社に請求すればよい。勿論会社によっては事前申請など必要なルールもあるだろうが、私はそういったものは無視してやってきた。会社内の会計ルールなんてものは、話を事前に通すのが面倒くさくなるように作られた、言わば抑制策だ。賢明な人は従う必要はないし、事実大企業にいた私は無視してきたが、何か実害を被ったり、失脚に繋がったりしたことはない。元々会社の予算というのは、期初に交際費や会議を想定していくらか確保してあるものだ。そして予算を使った先にしっかりとした成果があるのなら、大抵の上司は認めてくれる。そもそも上司は部下の使ってきた経費をなんとかして処理するのが仕事なのだ。大切なのは何を目的に金を使ったか、使った結果がどうだったか、それがどんな成果で上司に・会社に貢献できるのかを明確に説明できるようにしておくことだ。

実は大抵の人は逆の発想をする。予算があるから使わなければいけない、あるいは予算が無いから（使いたくても）使えない、という考え方なのだ。これでは本末転倒だ。予算云々ではなく、成果が見込めるのならガンガン使ってしまって構わない。（勿論限度は会社の規模や状況であるだろうが、経営層でもない限り、たかだか会食で使う額はしれている）

自分が大胆に使ってきた経費の事例は例えばこんなものがある。

懇意にしているお寿司屋さんがあり、大将が誕生日でお祝いをしたいが、パッと行けるお金が無く、会食を仕掛けたい新規の得意先を絡めていくことにした。その得意先は「寿司が好きだ」と言っており店の提案に二つ返事で快諾。会食当日は、お店でちょっとしたシャンパンなんて入れながら大将含めて大盛り上がり。得意先も「君は良い店を知っているし、店の人からも信頼されている。付き合っていこう、次の案件を君に任せてみるよ！」と仕事へと結実した。そこでの会計は二人で十万円以上したが、見込める案件が大きかったこともあり、後から会社に申告したし、あらかじめの予算確保もしなかったが結果許された。（処理方法は人数など工夫を強いられたが）良く考えると公私混同も甚だしいが、仕事の成果がしっかり得られたので会社にはそれでお返しをした形だ。

他にも成果を出しつつ……の例で、欲しいワイングラスを揃えたことがある。アルコールのテイスティングを仕事に絡めたのだ。欲しいグラスは、一脚一万円もする商品だったので、おいそれとは買えない。そこで「完璧なシチュエーションともてなしを実現させて、必ずこのテイスティングイベントを成功させる！」という名目で欲しかったグラスも揃えた。結果、そのワイングラスの性能もあり得意先も大満足、イベント後に大きな受注を獲得することができた。勿論テイスティングが終わった後、グラスは自分のものにした。（会社には得意先に差し上げた、と報告した）実は、このテイスティングイベントは合計4回実施して、違う種類で4種類×2脚で8脚のグラスを手にすることができた。家で飲むワインや日本酒にこれらのグラスを使うと、自身のＱＯＬが相当上がった。

変わったところでは、風俗に得意先と行ったこともある。その人物はとある企業のキーマンだったが、飯も酒も興味がないことで有名だった。が、話していくと実は女好きということがわかったので、あれやこれや理由を付けながら歓楽街でわざわざ商談を実施して、ビジネスの話をした後に風俗店へなだれ込んだのだ。業界にもよるのかもしれないが、得意先も風俗で接待されたのは初めてだったようで、「こんな経験をしたことはない！」といたく感動していた。（当たった女性も気に入ったらしい、これは運がよかった）結果やはり、大きな仕事へと結実して成果を出すことができた。覚えておいて欲しいコツは風俗や飲み屋さんは、飲食店名での領収書を用意している店も多いということ。会社で風俗店名では経費として通らないだろうが、飲食店名ならとりあえず大丈夫だ。私の場合ばっちり精算申請が通り、特に後から何か言われることも全く無かった。得意先の趣味嗜好に加えて、お店に電話して領収書の有無、名称の工夫がしてあるかどうかもチェックしておくと、後の精算がスムーズだろう。

成果を出す前提で経費はどんどん使ってしまえば良い。

上手に公私混同ができれば、自分も成果以外の部分で相当なリターンを享受することができて、人生が更に楽しくなる。

26

上司に媚びずにやっていく裏技

『軸を持ってさえいれば上司が誰であろうと仕事は楽しめる』

よく会社員は〝上司次第でその後の会社員人生が変わる〟と言われる。確かに指導の面や、好き嫌いの面、仕事の進めやすさの面など、その時の上司によって流れが変わってしまう側面は事実としてある。ただ、そんな上司ガチャによって全て、自分の命運が変わってしまうのかというとそうでもない。どんな上司になろうとも、仕事や上司に向き合う姿勢は基本的に3つしかないからだ。この3つの姿勢を意識して、取り組む仕事によって、あるいは環境によってミックスしながら邁進すれば良い。

仕事はなんとなくではなく、自分なりの軸を持って、そして軸に沿って自分の意志で進めてこそ大成するものだ。

一つ目は最も基本となる姿勢で「上司の方針や指示に忠実に従って、ひたすら愚直にやってみる」ということだ。「そんなものは当たり前じゃないか」と思うかもしれないが、意外と皆たったこれだけのことができていない。忠実に従う、これが案外難しい。上司の思惑を完全に理解して、そして上司の意図に沿ってそのままできているか？　と、改めて問われると誰しも完璧ではないと気付くだろう。自分なりの理解で、我流で、言わば自分の好き勝手にやっていないだろうか。本当にこの仕事への取り組み方は上司の意図する通りなのか、と振り返りながら仕事にあたってみるべきだ。

また、ひたすら愚直にやる、これもなかなかに難しい。シンプルに手を抜くことも時にあるだろうし、忙殺され指示を放っておいて締め切りを過ぎて上司に催促される、なんてことは誰しも経験があるだろう。実は上司からすると自分の言うことを素直に聞いて真面目にコツコツ取り組んでくれる部下は大変有難いものだが、なかなかどうして、部下と言うものは勝手気ままに違う意図を汲んで歪んだまま理解して、適当に業務にあたるものなのだ。なので、この姿勢を真摯にきちっとやりきる部下は評価される。

実はきちんとやるために欠かせないのが、いわゆる報連相だ。上司の意図に沿っているかを確認するべく、適宜報告をしながら必要に応じて軌道修正をする。本来この報連相という動作は、この一つ目の取り組み姿勢を徹底するために欠かせないコミュニケーションの手段なのだ。報告しろ、と言われるから。連絡や相談を欠かすなよ、と言われるから。……するのではない。上司の意図を確認するため、そして確認した意図に沿って取組を進めるためにこそ、報連相を活用して欲しい。またこのやり方の大きなメリットは、失敗したり成果がでなかったりしても上司のせいにできる、ということだ。大げさに言うと「あなたの思惑、指示に従ってこっちは真面目にやりましたよ。この結果は私が悪いわけではない！」そういう物言いをするかどうかはともかく、自分の心持ちはこの考えで良いのだ。この心持ちを理解しておくと、何かあまり良くない仕事の結果になった際にも、不必要に自責することが無くなるので知っておいて欲しい。

二つ目の姿勢は「上司が言う方針や指示が違うな、と思ったら対話して、代案を提示する」というものだ。本来のあるべき姿で言えば、現場を良く知っているのは上司より部下の担当者だ。時には上司から降りてくる指示が「いや、そうではないでしょう」と感じることもあるはずだ。そういう時には「違うのに……」と思いながら不承不承、納得がいかないままで従わない方が良い。腹落ちしないままやる仕事なんて楽しくないからだ。ましてや意味も無く指示を無視するなんてことは絶対しない方が良い。上司からの心象が悪くなるばかりか、本来進むべき仕事が止まって会社に迷惑がかかってしまう。従って、自分の気持ちを明るく保ち、そして楽しく業務に取り組むために、上司の言うことに違和感を覚えた時はハッキリと言ってしまおう。

しかし、ただそのまま言えば良い、というものでは勿論ない。上司なのだから相手の面子を立てることがまず大切。そしてなにより代案を出すことが必要だ。代案が無い状態での指示への反抗は、仕事そのものに対する拒絶に繋がる。やるべき仕事を進めるべし、という大前提に基づいて、例えば「それは○○なので、私は違う意見を持っています。ゴールは○○であることとは変わらないのですが、○○というやり方の方がスムーズかつ低コストで実現できます」といった具体に、ベターと考えられる案をセットで提示して上司と交渉しよう。まともな上司なら自分の意見が100%正しい、なんて普通は思っていない。代案込みならあなたに任せてみよう、ときっと思うはずだ。

そして最後は例外として〝強気〟なやり方。

基本的には前述の2つの姿勢をミックスしながら普通は仕事を進めていくものだが、三つ目として「上司の言うことの一切を受け流す。代案も提示せずに勝手にやる。ただし、成果はきっちり出す」という姿勢を紹介する。もう読んだままなのだが、上司がポンコツであったり、どうしても方針や指示の内容には納得ができないが話を聞いてもらえなかったり、あるいは上司が猛烈に嫌いゆえに自分で勝手にやりたかったり……　そんな時はもう割り切って自分流で好きにやれば良い。何も上司の話を聞く必要は無いし、極端に言えば報連相もそれなり、で良い。場合によっては「言われた通りにやっていますよ」と嘘でも付いておく。ただし。最後のゴールはきっちり決めて結果を残す。

自身の仕事に対する意識は相当身軽になるし、結果を出すべく自分のモチベーションも自然と高まる。良くも悪くも上司を頼れないので、自分の能力やスキル開発にも繋がるし、場合によっては社内外で自分のネットワークを作って協力者と交渉していく必要があり、仕事そのものはタフになるが、やりがいも存分に感じることができるだろう。

実は私はキャリアにおいてこの三つ目の姿勢を間々取り入れてきた。時に上司から猛烈に嫌われ（そもそも私が嫌いだったので何ら構わなかったが）怒られもしてきたが、結論としては最後に結果を出していれば、上司は文句を言わなくなる。そして会社からも評価をされ、出世することもできた。

本来このやり方は実は上司にとってもメリットがある。何も指示しなくても、指導しなくても、あるいはマネジメントすらしなくても部下が勝手に動いて結果を出してくれるのだから。遊んでいても部下が自ら成果を持ってきてくれるのなら、こんなハッピーなことはない。極端な姿勢ではあるが、実は上司と部下ともどもＷｉｎ　＆　Ｗｉｎだったりする。

結果にしっかりコミットする、という点で自身の成長にも繋がる姿勢なので、リスクはあるが機会によって是非上手にトライしてみて欲しい。

27
仕事サボって昼から酒が飲める裏技

『仕事は結果が全て。真面目にコツコツ生きたって報われないこともある』

私が新卒で入った一部上場の製造業。最初は総合職らしく、現場の営業からスタートした。その当時私はまだまだ学生気分が抜けず遊びたい盛り。仕事の本質を考えることなど全く無く、どうやって楽をするか、そういうサボりの術ばかり考えていた。他方、周りの先輩や同僚は夜遅くまで残業して、日々営業の予算を作るために奮闘していた。一刻も早く会社を抜け出して遊びたい私は、なぜ皆は売上の数字が達成できず、遅くまで残って資料を作っているのか、そこに注目して思案していた。するとそのうちある気付きがあった。

「本当に売り込むべき相手がもしかしたら違うのではないか？　営業とはそもそも誰に売っているのか？　そこからして他の人は着眼が間違ってはいないか？」同僚は皆「エンドユーザー（最

終的なお客様）へ価値を提案することで需要は作られる！」という本社の人間が考えた綺麗ごとのスローガンを真に受けて、商品が並ぶ売場に来る人に向けた提案を一生懸命に練っていた。どうやったらエンドユーザーが買いたくなるか、という視点だ。私はそこに疑問を持った。

「そもそもエンドユーザーに売るのは自分達ではない。実際に売ってくれる人をまずは口説くべきなのではないか？」と。そこで私はエンドユーザーのことは一切無視して、自分の担当する得意先の担当者を口説くことにフォーカスしていった。

だいたいエンドユーザー向けの戦略や施策は、それこそ予算が潤沢にある本社が懸命に考え抜いて推進すれば良いのだ。製造業ならば、広告や販売促進策が一番有効だよね、というのが今となればよくわかる。現場でこまごまと担当がやれることは予算も極めて少ないため、限られている。それよりも実際にエンドユーザーと向き合う得意先を口説いてこそ、数字が伸びるはずだ、という仮説を持った。

次の日から資料作りなんかは人の物を盗み、上手に流用しながら時間を節約。持っていた得意先全てを何度も周り、仕事の話はさておいてプライベートの付き合いばかりを深めていった。当時大抵は年上だったが、同年代も含めて趣味の話、食の話、酒の話、女性の話など、とにかく相手が話していて面白いと思うトピックに集中してコミュニケーションを持った。勿論相手が気分よく話したくなるように、自分もある程度はついていけるレベルで物事を知っておく必要がある。そのために相手に沿ったトピックについて勉強したり、情報を仕入れたりすることに対して情熱を費やした。世の中には知らないことや楽しいことがたくさんあり、そういった引き出しを作る作業は楽しかった。（後にポジションが上がって仕事の裁量が大きくなると、仕事も相当に楽しいことがわかったが、当時新人の私は知る由もない）

得意先も一日中仕事をしていたいわけではない。真面目ぶった数字の話や提案ばかりを聞くのに疲れている中、私が来ると歓迎してくれ、そのうちすぐに連れ立ってランチや飲みに行くようになった。そんな付き合いを深めていくうちになんと得意先は私が何も言わなくても売りたい商品について気にかけてくれ、提案などしなくても勝手に売ってくれるようになったのだ。

その後得意先に通う頻度も減らしていったのだが、更に面白いことには減らした方がより相手からの私への食いつきが上がった。「小室ちゃん、最近来ないじゃない。遊びにおいでよ」そんな逆アプローチまでもらうようになった。その段階まで来ると自分も相手のことをよくわかってきており、更に数字もどんどん伸びていくので予算が付く。つまり経費を使っても上司が黙るようになるのだ。

やはり数字をやる人間は認められる。そこで私は得意先との付き合い方について大胆な行動に出る。月数回しか会わないが、会う時はとことん付き合って一緒に遊ぶのだ。食が好きな人なら美味しい店を調べておいて大いに食べまくる。飲むのが好きな人なら朝までハシゴしながら飲む。趣味がある人なら一緒にプレイして遊ぶ。自分も楽しいし、経費も使えて、更には相手も上機嫌になって勝手に数字を作ってきてくれる……　まさに一石三鳥のやり方ではないか。そういうことを繰り返していると、最終的には数字が欲しい時に電話をすれば即〇K、売りたい分だけ商品を送り付けることだって可能になった。

こうなると暮らし方からして一変する。週明け月曜日に会社では報告会があった。得意先と同行営業を仕掛けていた先輩が「先週も厳しかった。三十万円しか売上を作れなかった」と肩を落としながら報告をしているのを横目で眺めながら、自分は人が作った企画書を流用して、ちょいちょいと中身を自分の得意先向けにアレンジしていた。報告会が終わるとサッサとその企画書を持って「出かけてきます！」と外出。会社には「一週間同行営業してがんばってきます！　会社には来ません！」と言い訳をして、その足で得意先に電話を入れて即数百万円の売上を作った。一丁上がり、である。

後は本当に一週間会社には行かず、遊んでいた。

嘘も方便。私はこんなエピソードを紹介しながら自分で言うのもおかしいが、嘘が嫌いだ。

しかし、罪が無い嘘には極めて寛容な人間だ。想像してみて欲しい。真面目に同行して駆けずり周って一週間で三十万円の売上の人物と、一週間サボり続けているが数百万円を売り上げる人物、会社はどちらを評価するだろうか？　どちらが会社に貢献できているだろうか？

とある平日の午後。私は家で昼から酒を飲んでギターを弾いていた。そうこうしていると当時の上司から電話が鳴った。

「お前今どこにいる？　今日会議だぞ？」

酔っぱらっていた私はしどろもどろに答えた。

「今……えーっと……道路、道です！」

上司に怒られたのは言うまでもない。しかし、その日は結局理由を付けて出社せず経費で夜には得意先と寿司を食い、次の日に「すみませんでした！」と元気に出社した。数百万円の受注結果を持って。さて、上司の反応はどうだったか？　果たして怒ったのだろうか？

いいえ。

「またそんなに売ってきたのか？　よくやった！」

実際に商品を買って、売ってくれているのは得意先だ。

私は人たらしとして、楽しく人付き合いをして、経費で美味しいものを食べたに過ぎない。

Chapter 7

ストレスフリーな人たらしの生き方！

食道楽は最高!

28

成功者は美味しいものを食べまくれる

『食道楽になれば、仕事でもプライベートでも人付き合いが上手くいく』

私は食べることや、食事に合わせてお酒を飲むことが大好きだ。特に寿司には目が無く、毎月予約困難店の席を確保しており、月に十万円以上を寿司に使うこともザラだ。お店にはデートで行くこともあるし会食で行くこともあるが、なにより大好きなのは一人で行くことだ。

私は寿司に限らず、一人で行くことが不向きなジャンル・お店以外では（例えばグランメゾンのフレンチは、一人で食事するには向いていない）一人で食べに行くことに何の抵抗もない人間だ。一人だとより食と向き合えるし、集中もできる。加えて例えば寿司のようなジャンルなら、大将を含めて店の方々とコミュニケーションもできて、料理への理解やお店との関係性構築も進む。そんな私は友人にこんなことを言われる時がある。

「寿司に三万円は理解できない、バカじゃないの？」

そう、言葉通りその友人には理解できないのだ。これはその友人に限った話ではなく、例えばそういう本当に美味しいお店に誘っても、「え、一緒には飲みに行きたいけど、安い居酒屋で良いでしょ。そこまで食にお金かけられないね」と断ってくる友人も多い。別にその友人は数万円の食事がとても高くて払えないほどお金に困っているわけではない。単純に価値を感じていないのだ。だが、そんな友人は他方で「こないだキャバクラでシャンパン開けて二十万使った！」「パチンコで五万擦っちまった！」等と誇らしげに語っていた。勿論人のお金の使い方はその人次第、とやかく言うものではないが、それでもやはり私からしたらよっぽどそんなことにお金を散財する方が理解できない。

要するに男は総じて食への関心・興味が低い者が多いのだ。

私は様々な職業、ステータスの人間と付き合いがあるが、明け透けにお伝えするとオーナーや経営者などハイステータスな人間は概して食への関心が強い。それは本人のもともとの資質や興味も勿論あるだろうが、職業柄会食の機会も多く、経験によってどんどん食への探求が深まっていったのだろうと推察する。例えば、Ｕｂｅｒ ＪＡＰＡＮ前社長の髙橋正巳氏はインタビューで「美味しい食事はご褒美です。また単にお腹を満たすだけでなく、コミュニケーションを取る重要な場でもあります。美味しい食事と大好きなワインに囲まれることで普段とは違った発想が生まれることもあります」と食の重要性について話している。(東京カレンダー2015年1月)

当たり前の話だが、本当に美味しいものを食べる機会が多ければ、その魅力がますますわかってもっと知りたく、経験したくなるものだ。あなたが成功したいなら、望む結果の大小を問わず、食経験を積んでおくことがゴールへの近道だ。実際に成功者のほとんどが食への関心が高いのだから。

加えて仕事にしろ、口説くにしろ、特に女性と時間を共にする際においても、食事というのはとても大事な役割となる。ご存じの通り、女性は共感の価値観を男性よりも大切にする。レベルが高いお店で質の良い食事をしながら「美味しいですね」とお互い笑顔になれれば、その後の二人の会話が弾むことは想像に難くないだろう。例えばアルバイトの面接の場のように、共感が特に必要のない場であればカフェに行って数百円のコーヒーでもいいだろう。しかしこの人を口説く、というような勝負の場では店選びも大切にしたい。私はなにも高い店に行け、と言いたいわけではない。

店選びや良い店を絞るのにはちょっとしたコツがあり、上手に見つければ良いのだ。

今回は、食そのものの文化背景といったお勉強の要素は別の専門書に譲るとして、食に興味を持ってほしい、という提言を行いつつ、食経験がより簡単に積めるようにジャンルを含めて店選びのポイントを述べる。

それではどうやってお店を探すべきか。

まず選んではいけない店は、全国チェーン店、個室風居酒屋、評点サイトの口コミが少ないお店、だ。店選びというのは、相手にとってこちらの品定めをする機会となる。チェーン店を選んだ時点で食事相手は「この人は店を知らないのだな」あるいは「私に対して興味がないのだな（寄り添って考えてくれていないのだな）」と思う。個室風居酒屋も二十年前は珍しかったが、今はその価値も陳腐化、ワクワク感も感じず、ベネフィットが全く無いと言っても過言ではない。評点サイトは食べログ、ＲＥＴＴＹなど複数を参照すべきだが、いずれにせよ口コミが少ないところを試すにはリスクが高すぎる。そして挙げた3つのジャンルの店は、総合的に見ると肝心の食事のレベルがそれなりの場合が多い。割り切って使う分にはたまには良いだろうが、それなりの食事にしたいなら、これらはまず除外すべき店だろう。

ではどんな店が良いのか？　仕事で得意先と一緒にご飯を食べるなら、カウンターで肩を寄せ合って食べることになる焼き鳥や、狭い店舗でひざを突き合わせられる、ちょっとした小料理屋なんかが距離を詰めやすくなるのでお勧めだ。評点サイトを見るのもいいが、昨今は会う場所を軸としてＧｏｏｇｌｅ Ｍａｐで検索することでも意外と良い店が発見できる。写真やコメントを参考にしながら、更に他のサイトも参照して総合的に判断する。勿論店のホームページもチェックするべきだろう。そして予算も大切だが、飲み放題プランがあっても基本的には普通に頼む方が良い。元を取ろうと飲むことが目的になったり、飲める酒が安酒で健康に悪かったりする例があるからだ。今は店自体がインスタグラムをやっていることも多いので、チェックしておくと店の雰囲気や料理、個性が分かり理解が進む。ここまで読んで、「面倒くさい、チェーン店なら話は早いのに！」と思った方もいるかもしれないが、そういうリサーチが食経験を豊かにするための言わば基礎的な知識となるし、慣れれば検索や自分なりの判断もどんどん早くなっていくのでトライしてみて欲しい。

女性とのデートはカジュアルに行けるタイプのイタリアンやバル、和食系が良い。予算が許せば雰囲気が固すぎない割烹のお店を選ぶと、これも間違いが無い。女性と行くのなら相手がリラックスできるかがまずはポイントなる。それこそ変に個室を選んだり、無駄に高級店にしたりするよりは、お店の雰囲気が良く料理にはずれがない店が良い。そういう意味でイタリアンなど洋食の店なら大抵女性にとって居心地の良い雰囲気作りに長けているし、和なら割烹だと席もゆったり目でくつろげる内装の店が多い。また「ここ、料理がまずい！」ということにはなりにくいジャンルでもあるので、食べるにせよ飲むにせよ盛り上がるだろう。

最後に、特に女性とは対面にならない席、カウンター等が良い、という人もいるが私はそうは思わない。堂々と対面で目を見て話し、自信を持って振舞えば相手もきっとあなたに魅了される。

小手先で席選びを気にするよりも、店選びをまずは成功させるべきだ。

29

成功者はスマホ依存で生きていける

『全てスマホで解決できる。知識を得るのも、タスク管理も』

スマホ依存は現代病と言われる。現代人はひっきりなしにスマホを眺めるため、物事への集中力低下や、健康被害が世に問われている。しかし、本質的にはスマホはコンテンツそのものではなく、単なる手段である。スマホで何をするのか、見るのかが大切で、勿論ダラダラ続けない、寝る前に見ないなどの対策は必要だが、気を付けていれば問題なく、むしろ言うまでもなく大変有用なツールだ。

むしろ私はスマホ依存、大いに結構ではないかと思っている。

一般的にはスマホを離さない人物としてホリエモンを浮かべる方が多いだろう。彼には、移動中にも打合せ中にも食事中にも、片時もスマホを肌身離さず持ち画面とにらめっこしている印象がある。私も彼に負けず劣らずスマホをいじる。たぶん医者に見せれば、絶対にスマホ依存だと言われるだろう。朝から晩まで時間があればスマホをいじっている。起きてものの数秒でスマホをチェックするし、その後ジムで走る時も、会社に行っても、ずっと、スマホを触っている。（毎日、衛生観念から画面やケースをきちんと消毒していることを一応お知らせしておく）加えて私は会社で仕事をしている最中もスマホを手放さない。特にデスクワークをしている時は、常に充電ケーブルを刺しっぱなしで、いつだって画面を開いている。

さてこの業務中のスマホ依存だが、業界にもよるのかもしれないが、会議や商談でスマホをそばに置いていると印象が悪いとされる。「会議に集中していない！」「商談相手に失礼だ！」そんな声が聞こえてきそうだ。だが、こと私に関してはスマホをずっと携帯していて、更に会議や商談で使用したからといって、何か実害を被ったことはない。関係性の問題もあるだろうが、本来はツールなのでこちらがびくびくすることはないのだ。不安がる必要も無く、むしろ堂々と使っていれば相手も「そういう人なのだな」とキャラ付けをして認識してくれる。会議だろうが、商談だろうが、本質は討議する、あるいは商売する中身が重要なのだ。スマホを見る、見ない、は本来些末なこと。勝負するところはそこではない。

では、私が会議や商談で具体的に何に対してスマホを活用しているのか。一つは調べものだ。

天気でも、話題に挙がったトピックでも、会議がつまらなければ別に気になることでも良い。調べたいものは即、サッと調べてしまう。大事なのはわからないことをそのままにしておかないことと、調べたことは皆にシェアすることだ。

例えばインドネシアのコロナによる大規模行動制限について皆が話を始めたとする。そこで話しながらサッと直近のニュースを検索する。この場合検索するワードは「コロナ　ジャカルタ　行動制限」だ。インドネシア全体よりビジネスの核となる中心部でどういう動向なのかを探った方がより相手の関心事に刺さる可能性が高い。すると例えば行動制限が結局伸びて○月まで延期になったニュースが出てくる。普段からスマホをずっと使い続けていれば調べてその情報が出てくるまでにものの数秒だ。（さすがにこの程度のことを調べるのに数分を要するようでは、会話も止まって微妙な空気になりかねない。慣れれば難しいことではないのでサクッと検索できるようにしておくこと）そしてめぼしい見出しで核となる情報をサッと掴み、皆に「まだ解けていないようですね、行動制限は○月まで伸びています」と伝える。

すぐに調べて報告することで、状況が一つクリアになるし、あなたがスマホを触って調べものをした事実は皆から肯定される。一回そうやってシェアしておくと、共通認識が出来上がり、何か情報が欲しい時にいつでも堂々とスマホを使って調べることができるようになる。

もう一つの活用法は、メモとタスクの管理だ。現代は昔と違って経済が右肩成長ではないため誰しもたくさんの業務、タスクを抱えている。（インターネットがなかった時代には、牧歌的でのんびりした時代もあったのだ。あなたは報告書を全て手書きで書いて、郵送で送っていた時代を想像できるだろうか？　今に比べると随分と悠長でヒマな時代だ……）会議や商談の中で大事なポイントがあれば即メモアプリで何でも忘れないように記録しておく。ノートに書くのも良いが、ノートは後で見直す手間がかかる。そのため私は頭の整理をするためにノートに殴り書きはするが、要点は全て携帯にメモを取っておくようにしている。

携帯にメモしてあると、いつでも検索でサッと参照できるのが強い。あるいはやるべき具体的なタスクが出てきた際は、私は即スマホを開いて、メーラーを立ち上げ、サッと内容を書いてからすぐ自分のメールボックス宛てに送ってしまう。アポイントの予定でもいいし、〇〇を〇日までにやっておく、といった具体的な内容でも良い。とにかく頭で考えずに、条件反射的にタスクがあったらその都度細かく自分宛てにメールを送るのだ。そうすると次にＰＣを開いた時にやることが自動的に確認でき、漏れが無い。

多くの人がタスク管理で失敗するのは、大抵ノートに書いたりそれを後から見直したりして改めて課題化するから、記憶も薄れて、抜け漏れの発生が起こるのだ。この抜け漏れを防ぐために、メールで送ってしまうというやり方はとても効率的だ。またメールで来ているのでPCを開いた際には即内容を確認せざるを得ず、「また後からやればいいや！」という怠惰な気持ちを律することにも繋がる。

メールを作成する際、対面している方には「重要度が高いので、今すぐに予定化しますね！」「早速社内で確認をとるため、一本メール書かせて下さいね」という感じの内容で話しながらスマホで入力していけば、相手に角が立つこともない。むしろ「すぐにタスク化してくれるなんて、こちらのことを大切にしてくれている！」と美しい誤解をしてくれることもある。向こうからしたら、目前ですぐに処理をしている事実が信頼感に繋がっていくのだ。

仕事を効率的に進めようとするのなら、即メモ、即タスクメール、だ。

スマホ依存？　結構結構。

30 成功者は電話とか一切無視

『電話ほどストレスがかかる対話はない。なるべく使わずに生きよう』

電話に関する調査によると、現代では4割もの人間が電話でのコミュニケーションに苦手意識を持っているらしい。（セゾン自動車火災保険「日々のコミュニケーション手段に関する意識調査」２０２０年5月）かくいう私も電話が嫌いだ。固定電話から携帯になり、電話をすることがいつからかお手軽になり、仕事にしろ、私用にしろ、いつでもどこでも電話で追っかけられる世の中になってしまった。電話によるコミュニケーション頻度が上がったことにより、油断していると電話で話すことに一日のうちの多くの時間を取られてしまう。

電話というのは電話会議や恋人との約束など、あらかじめ決まっている予定を除いて突然かかってくる。しかも不在を除いて、電話はかかってきた時点で、出てくれることを前提にしている。私は、電話はひどい暴力だ、と考えている。例えばこちらが集中して世界に入り込んで何か資料を作りこんでいる時に電話が鳴る。まずそこで集中している資料作りを中断して電話を確認しなければならない。誰かが取り次いでくれる時も同じことだ。「○○さん、電話です」と言われて確認が必要になる。邪魔するなよ、と私はその時点で思う。何の権限があって、集中しているこの時間を壊すのだ、と。私の集中力や時間を奪うなよ、と。

しかしいくらそう思っていても電話は鳴り続けるし、出るか出ないかの選択を迫られる。しかも電話をする相手は、出てくれることを期待している。話したくてかけているわけだから当然だ。端的に言うと電話に出ないと「なんで出ないの！」とかける側は思うものだ。仕事でもひどい相手だと、私が電話を放っておいて、一段落した数時間後にかけなおすと「なんで出なかった！　遅い！」と怒る人が何人もいた。あなたの都合でかけてきておいて、出るか出ないかは本来こちら側の自由であるはずなのになぜ出ないと怒るのか、私には理解不能だ。

とはいえ、他方で気持ちはわかる。理屈ではなく、電話はかけた側が相手に出てもらうことを期待してしまう、暴力性の強いコミュニケーション手段なのだ。これは是非自覚しておいた方が良い。何気なくあなたがかけたその一本の電話が、相手に物理的、あるいは精神的に負担をかけていることも多いのだ。今の20代には伝わらないかもしれないが、振り返るとスマホが普及する以前の時代は他に手段がないこともあって、電話は必要だった。何か用事がある時、あるいは意中の女性を口説く時、何か話をするためには実際に会うか、電話をするか、それぐらいしか手段はなかった。（手紙というロマンティックな手段もあったが）

私から言わせれば、そういった古い時代の価値観を未だに引きずっている人が現代には多すぎる。文章では中身が伝わらない？　それは伝える技術が低いだけだ。文章で要点を抑えた内容が書けない人、語彙力がない人に限ってすぐ電話で解決しようとする。直接話さないと感情が伝わらない？　感情や熱意を伝えるには対面（コロナ禍ではやむを得ずオンラインか）にかなう手段はない。電話は所詮手段だ。目的をはき違えてはいけない。何かを熱量をもって伝えたいのであれば、アポイントをとって直接会うことが一番意義のある手段になるし、中身を伝えたいのであれば、現代はメールもあればＳＮＳもある。これからは電話をかけるのを積極的に辞めて、テキストのコミュニケーションを増やしていかなければならない。

私の周りにもどんどん電話ストレスに気付いている人間が増えていて、私の様に「電話を安易にかけてくる人とは距離を取る」という人が出てきている。求められるコミュニケーションの度合いによって直接会うか、メールなどのテキストでボールを投げて待つかの選択をすることが必要だ。しかもメールやＳＮＳなら確認するのは相手のタイミングで大丈夫だし、返信も受け取った側の裁量に委ねられる。けたたましく音が鳴り、「出ろ！」と強制される電話のような暴力性は無い。

ところで仕事で電話をしなくて済むようにするのはどうしたらよいか。それにはまず電話に出ないことが肝要だ。携帯だろうが、代表電話だろうが、出ない。どうしても掛けなおさないといけない電話は、しばらく時間が経ってから仕方なくかけなおす。他方でメールは即レスポンスを行うし、こちらからの連絡は極力テキストを使うようにする。このようなコミュニケーションを重ねていると相手が次第に「この人は電話だと繋がらないけど、メールのレスポンスは早いな……」と理解してくれるようになる。そうすると相手がこちらに配慮を始めて、なるべくメールで連絡してくれるようになる。つまり、自分はこういう人間なのです、こういう仕事のスタイルなのです、と間接的に表明することが大切なのだ。そうはいっても……と思う人もいると思うが、私は大企業にいた時も、中小企業にいた時も、このやり方で困ったことはただの一度も無い。思い切って実践してみて欲しい。電話なんて出なくなって仕事は無くならないし、首にもならないのだ。

また、私はこの電話にでない、という習慣を恋愛にも徹底している。一般的に男は女性との電話、特に何か目的があるわけではない「今日何があった？」というようなふわふわした内容で話すのは、苦痛あるいは苦手なものだ。私は昔から本当に女性との長電話が嫌いだ。例えば本を読んでいる時に女性から着信がある。読書を中断して出ると何か明確な話す内容があるわけでもなく、延々と食べたものの話を聞かされる……こんなやりとりが苦痛で仕方なかった。

詳しくは専門書に譲るが、男性は脳の構造からしても何か一つのことにガッと集中することを得意とする。女性はよく言う、「えー、電話しながら他のこともすればいいじゃない」しかし男はこれができないのだ！　電話していたら電話に集中する。なので、今日どんなことがあった？　と話を促されても、たいした話題がなければ、別に……となるし、それで電話を終えて読書に戻りたいのだ。そもそも読書を邪魔するな、という気分ですらある。これは男女の違いなので女性には理解が難しい。私のこと好きじゃない、大切にしていない、となりがちだが違う。勿論好きだし、電話じゃなくて会おうよ、という求め方になるのだ。というわけで女性にはかなり序盤の方で「電話が苦手です」とあらかじめ私は伝えている。ただし、仕事と同じでメールのレスポンスは早く、またマメにしてバランスをとるようにしている。

このような生き方で困ったことはないし、それなりにモテているのであなたもどうか安心して〝電話嫌い〟を公言して欲しい。余計なストレスが減って、その余裕から逆にもっと女性を大切にできるようになるはずだ。

31

成功者に残業は必要ない

『残業は人生の無駄遣い。成功したいなら残業しないこと』

会社員の中には、実は給料が低いために、本意ではないのにお金が欲しくて残業を無理やりしている、という人が数多くいる。大企業でもいたし、中小企業でもいた。世の中は残業を憎む風潮があるが、金のためにやむを得ず残業している人もいるのだ。経営側から見ると、無理に仕事を作って残業をされて、人件費が上昇するというのは許しがたい行為だ。従ってマネジメント層は残業を部下にさせていないかをきつく管理される。

本来であればまず仕事があり、仕事そのものの価値を見たり、配分を見たり、人のアサインを見たりして、仕事の質を上げて、そこにかかるコスト（人件費やタイムコスト）を管理するのが管理職の仕事だ。しかし現代の多くのマネージャーはとにかく「残業をさせないこと」へのプライオリティを強く求められる。これでは順番が逆なのだが、皆気付かない。あるいは気付いても本質を理解して改善しようしない。中身よりもとにかく「残業するな、禁止！」となっていく。しかも残業NGな風潮は、過労死防止や働き方改革といった、いわゆる健康的な生活を送ろうという大義名分が大いに影響している。これによってますます残業はしてはいけないというムードに拍車がかかる。残業は手段であるはずなのに、この手段を禁じるために仕事の生産性は大局的に落ちる。ということは会社の状況は暗くなり、従業員の給料にも悪影響を及ぼす。そもそももっとお金が欲しいから、無理やりにでも残業をしたいぐらいなのに、実際は残業がますます厳しく禁止されるようになり、給料が上がっていく見込みも薄い……

世の中の流れというのはこのように一般的に流れている「残業をやめて、ワークライフバランスを！　家族でハッピーに暮らそう！」というメッセージとは裏腹に、実は苦しい状況へと突き進んでいるのだ。世の中の流れは、是非はともかく個人で変えるのは難しい。であれば、考え方や生き方を変える方が早いし、これから述べるやり方を実践していった方が自身の成長にも繋がっていく。

結論を言えば、残業なんかしなくても仕事はまわるし、給料を上げることもできる。むしろ残業をしない方が出世する（結果、給料も上がる）といっても過言ではない。私はとにかく新

入社員の頃から残業をしなかった。（逆に〝死ぬほど働いた方が良い時期、勝負する期間〟があるが、それは本稿では割愛する）

これには二つのポイントがある。一つはどうやって残業をせずに仕事を回していくか。もう一つは残業をしないがゆえにできる時間で何かするか、ということだ。

一つ目の残業をしないようにする方法だが、これは一度自身の仕事の本質を考え抜いてみて欲しい。例えば多くの会社員が通る道である営業ならば、本質とは数字を作ることだ。その昔営業時代に、本社から来た受注用紙を一枚一枚切り離して新聞のチラシのように提案書に挟み込むという作業があった。同僚は量の多いこの作業をこなすために、通常の営業活動が終了した後に残業しながらせっせと打ち込んでいた。毎日3時間ぐらい残業し、それを一週間続ける、といった塩梅だ。私はバカらしいので一切やらなかった。得意先には口頭で説明し、受注をとってきたら直接教えてくれ、と伝える。実際に受注が来たら都度エクセルでメモしてまとめていった。それで何の不都合も無かったが、同僚はとにかく「本社から来たものだから、きちんと対応しないと……」と私から見れば無駄な作業に随分と時間を費やしていた。本質は受注を取って数字を作ることだが、同僚は受注用紙を整えるという些末な仕事に気を取られ、時間という貴重なリソースを本来しなければいけない仕事にあまり割いていなかった。きちんと本質を考えて、成果に結びつくことにリソースを注いでいれば、後のことは大胆に切り捨ててしまって構わない。頭を使わず盲目的に〝皆がやっているから、本社に言われたから〟という他人が作った世界に従ってやっている仕事が実は多いことに気付くべきだ。

さて、残業をしないとどうなるか。ストレスが減る、健康的に過ごせる、などいくつも利点はあるが、本質は何といっても時間ができることだ。残業して残業代をもらうという発想がもう弱者の考え方である。それよりも時間を作ってそれを投資してより自分が成長し、仕事の成果に結びつけて出世して給料を上げていく……　このような発想、動き方の方が将来にとって明るい展望になることは誰もが理解できるだろう。先に述べたように本質を考えて無駄を無くし、あるいは無用な仕事を無視して、残業を辞めて確保できた時間を自分に投資しよう。

投資のやり方は一般的には勉強して、とか資格を取って、と考えがちだ。しかし私は楽しいことや、興味が持てることをとにかく圧倒的にやりまくる、これをお勧めしたい。別に勉強ができたって仕事ができるとは限らない。ＴＯＥＩＣが９００点ありながらも海外の得意先とうまく対話ができず、全然使い物にならずに赴任して即異動になった同僚もいた。そういう意味では、友人や異性と遊びまくったりナンパしたりして、対人スキルや人の機微を学ぶのもいい。人を通じて得られる経験や縁というのは何物にも代えがたい。人以外にも本が本当に好きなら、人を寄せ付けないぐらいのレベルで通読して自分なりの世界観を作り上げるのもいい。食べることが好きなら給料を注ぎ込んでミシュラン獲得店に行きまくり、経験値の蓄積をするのもいい。

コツは人生経験を積めるかどうか、を一つの判断材料とすれば良い。そういう意味では単なる時間の消費になるような活動はオススメしない。短期的なスマホゲームの課金や、ギャンブルなどだ。費用対効果で人と会うと言っても疑似空間であるキャバクラやメイド喫茶、アイドルの追っかけも私はお勧めしない。（別稿にあるように、そういう遊びをする時はインサイダーとして遊ぼう）

単なるお勉強ではない、人生の経験を豊富にする活動を圧倒的にやると人は輝いていく。顔の作りではなく、顔の造詣が格好良くなっていくのだ。格好良い人というのは人生経験が間違いなく豊富だ。逆にのほほんと危機感無く生き、人生経験に乏しい人間というのは締まりのない顔をしているものだ。

その辺を眺めてみれば良い。道行く会社員を見渡せば言っていることがわかるだろう、ほとんどの男がのんびりしたゆるい顔つきで歩いているはずだ。

これを読んでいるあなたは、絶対にそちら側の人間にならないように。

32
成功者は休みたい時に休む

『ワークライフバランスなんて詭弁だ。休みたい時に好きなだけ休もう』

コンプライアンスへの意識が厳しくなって久しいが、誰しもプライベートを重視した働き方や余暇の充実を求めるようになった。企業も楽ではないので残業をするな、と皆に強いる。割高な残業代を払っている余裕がないのだ。そうやって会社員が働く時間は減っているのが現実だ。他方でブラック企業という言葉に集約されるように、いくら働いても仕事が終わらない、というような奴隷のような働き方を強いられる会社員も片や増えている。

さて、この問題の本質は何だろう。それはまず、日本が貧乏になっていることが問題の背景にある。経済が右肩上がりの時は例えば残業代の支払いにも寛容で、のんびり会社に居残ってお金を稼ぎつつ、頃合いを見て飲みに行って……そういう仕事を含めた生活のサイクルが見事に成り立っていた。

ハッキリ言って昭和時代の仕事の内容はぬるかった。ネットや携帯も無く、絶え間ない連絡に追いかけられることもない。報告書も手書きという時代、全てのスピードが今と比べて段違いに遅かった。総じて、今に比べるとヒマな仕事をのんびりと行っていたのだ。しかし、それでも良かった。社会全体の成長があったのだから。会社の売上も社会全体で増えていき、多少の経費ぐらい多めに見ることができた。加えて売上や利益が伸びているのだから、求められる成果もほどほどで大丈夫。従って現代のブラック企業が課するような強烈なノルマもない。実は成長経済の停滞というのはこうまで会社や働き方に影響を与えるのだが、政治家はそこから目を背けるべく昨今は「楽しい人生にしましょう、働きすぎはいけません!」とアピールしている。そうすると企業は大義名分のもと経費削減、つまり残業代削減に取り組む。加えてスムーズな経済成長が難しい経済下において、出すべき成果の質や量はどんどんきつくなっていき、当の従業員の負担ばかりがきつくなっていく。

その上でまだ問題はある。ワークライフバランスをとろう、というのはまだ良い投げかけだとしても、その打ち手として〝働く時間の削減で解決しようとしている〟ことに問題の本質がある。

労働時間を減らせ、と号令がかかると、定時以降は勤務禁止だの土日は働くなだの、制度で縛ろうとする。人間は優秀な者以外は考えることを怠り、すぐ制度に慣れる。従って例えば「土日は働いてはいけないもの」と思い込み、そこで思考停止してしまう。営業なら本当は土日のお休みなど関係なく、どうすれば売上を作れるか、お客様に貢献できるかを考え抜かないといけないのだが、そういう本当にやるべきことを教えてくれる先輩はもういない。ましてテレビや学校で教えてもらえるはずもない。それはとても不幸なことだが、現実であるし、教わらずに生きていく人の大半は「休みの日なのだから、仕事は関係ない。やるべきではない」というスタンスで臨んでしまう。

営業の機微をイメージしてみるとわかりやすい。例えば天変地異は近年頻発している。私は昔から国内外問わず、そういう災害や事故が起こるとすぐに現地の友人などプライベートな人を慮って心配、連絡することと同時に、やはり仕事のことも考えてフォローしてきた。物流の停滞のような仕事の流れに影響することもあるだろうし、得意先や関係者に直接の被害が出ることがあるかもしれない。従って即、そのような仕事関係の人にも連絡を入れるようにしているのだ。これは当然向こうの都合があるのでメールで良い。まずは本人や周りの安否を気遣い、会社や仕事のことを気にかけ、何かできることがあれば何なりと教えて欲しい、と伝える。こういった気遣いは意外なほど相手は覚えていて関係の潤滑油になるし、ひどい場合はこのような連絡一本入れなかっただけで逆に「あいつは薄情なやつだ」と思われて嫌われることもあるのだから、それこそ条件反射で連絡すれば良い。（最悪なのは気遣いの連絡を入れずに、うっかり普通に仕事の連絡をしてしまうことだ。この場合の印象は最悪になるので覚えておいて欲しい）

さて、このようなフォローをする際の一番大切なキモは何か？　それはスピードだ。世の中の会社員と言うのはこのようなフォローをしない者ばかりだ。このような気遣いができるだけでまず一歩リードできるのだが、加えていかにすぐ行動するか、を意識して欲しい。

例えば私の部下が実際にやったミスなのだが、普段私はニュースを見ろ、何かあったら得意先に一報を入れて気遣え、と指示していた。とある日本の3連休初日に、得意先のある国で天災が起きた。それで連休明けに私が「あの国で洪水起きていたけど、現地はどうだい、大丈夫か？」と聞いたところ部下は私の指示を覚えていたのだろう「はい！　ニュース見ています、今から仕事に取り掛かるので連絡して聞いてみますね！」と返してきた。バカさ具合が伝わるだろうか。洪水は三日もあればある程度は落ち着いたり、人は慣れていったりする。間の抜けた「大丈夫ですか？」は逆効果になるし、ともすれば「こいつ、心配したわけじゃなくて、休んでいて仕事が始まったから連絡してきたな？」と見透かされてしまう。この場合、ニュースを日々チェックして、即連絡を入れなければ意味がないのだ。

土日は休み、と思考停止しているとこのような間抜けな仕事になってしまう。肝要なのは仕事を働いた時間で図るのではなく、成し遂げるべき成果目標とその進捗で図ることなのだ。私はワークライフバランスなんてクソくらえ、だと思っている。休みだからではなく、時間は毎日毎秒途切れることなく繋がっていることを自覚して、考えることやその対応を忘れないようにした方が結果的に成果に結びつく。

逆にいうと、平日だから、定時の時間内だから働かなければいけない、という発想も持たなくて良い。厳密にこの考え方は就業規則違反になる会社が多いだろうから、あまり周りにペラペラ話さない方が良いが、実際に私は会社員時代に直行直帰を利用して遊んだり、会社のＰＣでプライベートの作詞をしたり、文を書いたり好きなことをしていた。時にはＰＣにキンドルを入れて、漫画や本を読んでいたこともあるぐらいだ。ＰＣ含めて監視が厳しい会社もあるだろうが、何社か渡り歩いてきた私が言うのだから間違いない、何らか何事にも抜け道ややりようはあるものだ。休みたい時は休み、遊びたい時には遊べば良い。

きちんと成果を出す人材に会社は寛容なものだ。日本全体の経済問題を各自でどうこうはできないとしても、少なくとも時間で仕事を推し量るのはもう即刻止めにしよう。

ワークライフバランスが提唱する働き方改革が幻想だということに気付いたものこそが、成功に早く近づける。

政治家や企業の理想論に騙されないように。

あとがき

貴重な時間を割いて読んで下さり、どうも有難う。

どうだろう？　人たらしになるコツがお分かり頂けただろうか？

いくつかのエピソードについて、

「時代が今よりもまだ寛容であったからこそ許されたものではないか？」

そんな風に思う読者がいるかもしれない。しかし私は物事の本質はずっと変わらないと思っているし、本書では何時でもやり方をアレンジすれば通用するノウハウばかりを書いたつもりだ。

例えば経費を使う話は「そんな時代だからできたこと」では無い。何時の時代も経費は存在するし、実際在籍していた会社もどんどん予算は減っていったが、それでも私は変わらず大きな経費を使っていた。（その代わり会社には売上と利益を還元していた）

やりようは絶対にあるものだ。

それぞれのトピックを読んで「面白いヤツもいるものだ！」と笑ってもらうのも勿論筆者には有難いことだ。

しかし面白がるだけでは無く、本質を理解した上でどんどん盗めるエッセンスを吸収して、読者の皆様にも人たらしになって頂きたいと心から願っている。

この本に興味を持ったあなたなら、私の知見や経験をヒントに、きっとあなたなりの〝人たらしのエッセンス〟を見つけられるだろうと私は確信している。


そして。

今回ここまで読んで下さった熱心な読者向けに、特別な特典を用意している。

ツイッターやパブリックな場では書けない、かなり過激で刺激的なエピソードや、広く一般に知れ渡ってしまっては効果が無くなるような決定的なノウハウ。

実はそれを限定的にメールマガジンで公開しているのだ。

更に今なら期間限定で、ページ数の都合で本書ではカットしたエピソードを登録者にプレゼントしている。

こちらは興味ある方のみ、ＱＲコードから登録して欲しい。
存分に人たらしであれ。
そして今日も人生を最大限楽しもう。
それでは、ツイッターあるいはメールマガジンでまた会いましょう。

小室和哉

Twitter　@kazuya_komuro

一部上場企業での勤務を経て２度の転職でキャリアアップ。
国内では個人で52億円の売上を上場企業在籍時に達成。
海外でもアメリカや香港など駐在経験が豊富で、
現地法人の社長を歴任しており海外市場にも明るい。

・マネジメント会社 社長
・上場企業 経営幹部
・大企業 顧問
・中小企業 社外取締役
・作家

人たらしとしてのノウハウを駆使しながら、
メーカー、アパレル、医療機器、飲食、出版など
様々な業界で仕事を手掛け活躍の場を広げている。

人たらしの教科書

2021年10月4日　第1刷発行
2021年12月4日　第2刷発行

著　者——小室和哉
発　行——日本橋出版
〒103-0023　東京都中央区日本橋本町2-3-15
https://nihonbashi-pub.co.jp/
電話／03-6273-2638
発　売——星雲社（共同出版社・流通責任出版社）
〒112-0005　東京都文京区水道1-3-30
電話／03-3868-3275
装　丁——小室和哉（オフィスK）
校　正——日本橋出版
印刷・製本—モリモト印刷

ISBN 978-4-434-29464-8